LA TRANSPORTATION
EN AFRIQUE

SCEAUX. — TYPOGRAPHIE DE E. DÉPÉE

LA TRANSPORTATION
EN AFRIQUE

PAR

le Colonel MOUTON

du 21ᵉ de ligne

Transporté de Décembre

AVEC PRÉFACE

Par M. E. TÉNOT

PARIS

DEGORCE-CADOT ÉDITEUR

70 BIS, RUE BONAPARTE, 70 BIS

INTRODUCTION

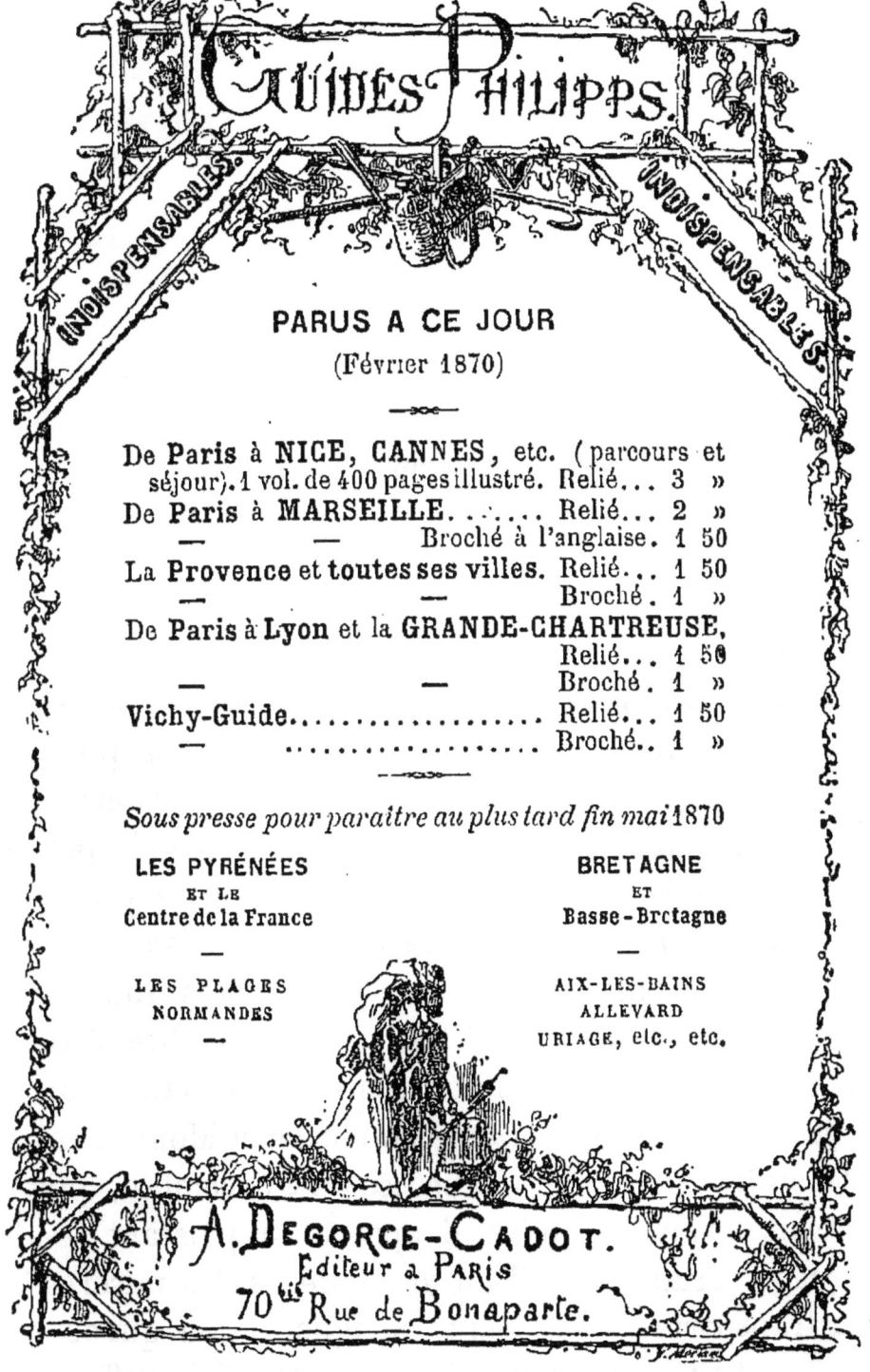

GUIDES PHILIPPS

INDISPENSABLES — INDISPENSABLES

PARUS A CE JOUR

(Février 1870)

De **Paris** à **NICE, CANNES**, etc. (parcours et séjour). 1 vol. de 400 pages illustré. Relié... 3 »
De **Paris** à **MARSEILLE**........ Relié... 2 »
— — Broché à l'anglaise. 1 50
La **Provence** et toutes ses villes. Relié... 1 50
— — Broché. 1 »
De **Paris** à **Lyon** et la **GRANDE-CHARTREUSE**,
Relié... 1 50
— — Broché. 1 »
Vichy-Guide.................. Relié... 1 50
— .... Broché.. 1 »

Sous presse pour paraître au plus tard fin mai 1870

LES PYRÉNÉES	BRETAGNE
ET LE	ET
Centre de la France	Basse-Bretagne

LES PLAGES	AIX-LES-BAINS
NORMANDES	ALLEVARD
	URIAGE, etc., etc.

A. DEGORCE-CADOT.
Éditeur à PARIS
70 bis Rue de Bonaparte.

La Librairie DEGORCE-CADOT, qui a fondé la **COLLECTION GÉNÉRALE DES GUIDES pour tous pays**, est en mesure de fournir à ses Correspondants et aux Touristes les Guides de tous les auteurs connus.

INTRODUCTION

L'auteur de ce livre, M. le lieutenant-colonel Mouton, m'a fait l'insigne honneur de me demander quelques lignes d'introduction à ses souvenirs de proscription. Dans son indulgente amitié, il a pensé que l'appréciation de l'auteur des *Études historiques sur le coup d'État* pourrait être de quelque poids auprès du public, qui daigna faire un accueil si favorable à mes travaux sur l'époque néfaste du 2 décembre. J'ai raconté l'attentat et les circonstances immédiates qui l'ont accompagné. M. le lieutenant-colonel Mouton en dit les suites. Dans le grand procès du 2 décembre, qui s'instruit devant l'histoire, il apporte un puissant témoignage. Transporté, il dit les douleurs, les misères de la transportation. A ceux qui ignorent ou qui oublient, il dit : Voici ce que j'ai vu, ce que j'ai souffert, ce que des milliers de bons citoyens ont vu et souffert comme moi.

Le moment actuel est singulièrement opportun pour une telle publication.

Les vainqueurs du 2 décembre s'efforcent de faire oublier la tache originelle du régime qu'ils ont fondé. Après avoir conquis, il y a tantôt dix-neuf ans, la suprême puissance par la violence brutale, ils tentent de la retenir aujourd'hui par la fraude et la ruse. Où la force a échoué, ils appliquent la doucereuse hypocrisie. Le despotisme se déguise en monarchie pseudo-parlementaire ; l'autocratie se grime en régime libéral. Après avoir terrorisé, on mystifie.

Devant ce coup de théâtre, l'opinion publique surprise hésite ; les consciences mal affermies se troublent ; les esprits mal trempés vacillent. Le spectacle de palinodies éclatantes, de rapprochements scandaleux, augmente la confusion.

Pour peu que l'équivoque se prolonge, on en viendra à présenter au public ébahi les sanglants triomphateurs de décembre comme de grands citoyens victimes de fâcheuses préventions, d'ardents libéraux, de sincères démocrates, d'intègres justiciers, qui ne proscrivirent que des factieux, et n'eurent jamais d'autre souci que celui de rendre la France grande et libre.

Les souvenirs de proscription du lieutenant-colonel Mouton viennent donc à une heure propice, puisqu'ils peuvent contribuer, en rappelant ce qui fut la triste, la lamentable réalité, à mettre en garde ceux qui seraient tentés de se laisser leurrer par la comédie libérale que jouent les hommes de décembre. Mais ce n'est point là, tant s'en faut, l'unique mérite de ce livre. Il présente pour l'histoire un intérêt considérable. C'est un témoignage, ai-je dit. Et je puis ajouter que jamais témoin plus consciencieux, plus droit et plus ferme n'a déposé. Nul ne lira ce livre sans être frappé de l'accent de loyauté, de véritable impartialité du narrateur. Non pas que le lieutenant colonel Mouton affecte cette impartialité qui consiste à demeurer indifférent devant le crime ou la bassesse. Loin de là! Il dit ce qu'il pense des hommes et des choses ; il le dit hautement, avec sa noble franchise militaire. Mais s'il flétrit énergiquement ceux qui méritent flétrissure, avec quelle sollicitude il note toute action louable, toute pensée, toute velléité d'honnêteté ou d'humanité chez les agents même de la terreur bonapartiste!

La recherche scrupuleuse de l'équité dans les appréciations est le trait caractéristique de ses récits.

La position particulière de l'auteur donne, au point de vue de l'histoire, un intérêt spécial à ses souvenirs. La proscription du lieutenant-colonel Mouton est, à certains égards, le type des proscriptions décembristes. Officier supérieur, ayant derrière lui une longue carrière de services rendus au pays, depuis Waterloo, où il fut blessé trois fois, jusqu'aux lamentables journées de Juin, où il risqua sa vie pour défendre l'Assemblée nationale contre les insurgés durant la lutte, et, après la lutte, pour arracher des insurgés vaincus au massacre, le lieutenant-colonel Mouton se vit dès 1849 brutalement écarté du service actif, à la force de l'âge, pour avoir commis le crime de manifester des opinions républicaines sous un gouvernement républicain.

Survint le 2 décembre : il fut arrêté, puis transporté en Afrique. Qu'avait-il fait? Y avait-il à cette proscription quelque semblant de prétexte? Pas le moins du monde. Le département qu'il habitait était demeuré calme. Nul essai de résistance n'avait été tenté. Mais le colonel était influent; il était aimé de ses compatriotes; on connaissait la fermeté de son caractère; il ne se rallierait pas.

Cela suffit. Il fallait terroriser le pays pour donner une assiette au despotisme. Or, quelle victime pouvait mieux convenir au but que se proposaient les proscripteurs? Qui ne tremblerait en voyant frapper ainsi un homme considéré, riche, un officier supérieur de l'armée, officier de la Légion d'honneur, républicain sans doute, mais nullement anarchiste, qui sans doute réprouvait le coup d'État, mais qui, en présence de l'inertie des masses, s'était résigné, et ne pouvait être accusé d'autre chose que de s'être abstenu d'applaudir aux vainqueurs?

La proscription qui le frappa fut la proscription froide, systématique, utilitaire. C'est celle qui jeta sur les plages d'Afrique ou sur les chemins de l'exil un si grand nombre de républicains, dont tout le crime était de posséder, comme le colonel Mouton, influence, considération, honneur et fermeté, toutes choses qui gênaient les arrangements des victorieux.

Je m'arrête. Le lecteur entrevoit déjà l'intérêt et la portée de ce livre. Je laisse donc la parole au noble vétéran qui, ne devant à la République ni grades, ni honneurs, ne l'en a pas moins servie jusqu'à la proscription, et qui consacre sa verte vieillesse à travailler encore pour la cause républicaine.

EUGÈNE TÉNOT.

CHAPITRE PREMIER

LA TRANSPORTATION EN AFRIQUE

Les journées de juin fatales à la République. — Mon départ d'Orléans pour Paris avec les bataillons de guerre du 21ᵉ de ligne. — Agents de la réaction déguisés en officiers de la garde nationale. — Bruits sinistres répandus par eux. — L'homme et la femme de la rue des Postes. — Le général de Bréa retenu prisonnier par les insurgés. — Conduite de leur chef Bussière. — Assassinat du général. — Ma déposition devant le 2ᵉ conseil de guerre. — Manifestations du barreau à mon égard.

L'influence de la réaction se fit sentir dès le 15 mai 1848. A dater de ce jour, la République, unanimement acceptée naguère, fut en butte aux machinations perfides et aux attaques ostensibles des partis monarchiques.

Les fatales journées de juin furent la conséquence lamentable des intrigues réactionnaires.

Je n'insisterai pas sur ce triste événement, dont l'histoire n'a cependant pas encore été traitée à fond.

Le moment ne me paraît pas opportun pour tout dire sur les journées de juin. Un jour viendra où il sera possible de nommer l'homme qui a joué le rôle principal et le plus coupable dans ce terrible drame.....

Je n'ai, d'ailleurs, entrepris cet ouvrage que pour raconter les persécutions qui ont suivi le coup d'État, et eussé-je l'intention de faire l'histoire générale de l'année 1848, un pareil travail serait au-dessus de mes forces.

Je lèverai néanmoins un coin du voile qu'on a jeté sur les journées de juin. Quelques épisodes dont j'ai été témoin et acteur suffiront à faire apprécier du lecteur les violences honteuses auxquelles se livrait déjà la réaction, qui avait réussi à diviser les Républicains et leur mettre les armes à la main les uns contre les autres.

Je partis d'Orléans le 22 juin 1848, avec les bataillons de guerre du 21ᵉ régiment de ligne, dont j'avais le commandement. Transportés par la voie du chemin de fer, nous arrivâmes à la gare de Paris à trois heures du matin, le 23.

Comme il n'entre pas dans mon cadre, ainsi que je l'ai dit plus haut, de faire le récit des combats fratricides de ces journées, je parlerai tout d'abord des scènes sanglantes qui eurent lieu sur la place du Panthéon, après la lutte.

J'avais été envoyé sur ce point avec un bataillon de mon régiment. Dans la matinée du dimanche, 25 juin, en attendant le mouvement que nous devions faire pour aller nous emparer des barricades de la barrière Fontainebleau, de la rue Saint-Jacques et du boulevard du même nom, les soldats, et surtout les gardes mobiles, stationnaient, répandus sur toute l'étendue de la grande place. Des individus déguisés en officiers de la garde nationale (car je ne puis croire, pour l'honneur de cette milice, qu'ils en fissent réellement partie) répandaient dans les groupes de militaires les bruits les plus sinistres, pour les exciter à de criminelles représailles.

Entre autres abominations, un de ces misérables disait devant moi, avec assurance, qu'on venait de scier entre deux planches, dans la rue Mouffetard, deux gardes mobiles.

Il y avait bien quelque danger à me rendre, accompagné d'un seul sous-officier, dans la rue Mouffetard, en un moment où l'exaspération causée par les combats des jours précédents était loin d'être apaisée. Je le fis cependant; je parcourus la rue dans presque toute sa longueur, et des informations prises auprès d'habitants tout à fait dignes de foi me convainquirent que non-seulement aucun garde mobile ni tout autre soldat n'avait été assassiné dans la rue Mouffetard ou dans les rues contiguës, mais on m'assura même qu'aucun militaire n'y avait été aperçu depuis le combat du Panthéon.

Il n'était cependant pas facile de détruire les effets

funestes des calomnies réactionnaires. L'esprit des soldats était irrité par le souvenir des dangers qu'ils venaient de courir en défendant la République attaquée par une coalition de royalistes, et surtout de bonapartistes, entraînant avec eux un trop grand nombre de républicains égarés, qui ne se doutaient pas alors qu'en prenant les armes contre l'Assemblée nationale ils servaient fatalement la cause du bonapartisme. Les soi-disant assassinats de leurs camarades achevaient d'exaspérer les soldats.

Bien des fois je fus assez heureux, par ma vigoureuse intervention, d'empêcher le massacre d'ouvriers qui traversaient la place du Panthéon pour se rendre à leurs affaires, ou pour aller visiter des parents dont il leur tardait d'avoir des nouvelles, après les sanglants combats des jours précédents.

Des bruits colportés dans les rangs des militaires accusaient en particulier un habitant de la rue des Postes et sa femme de mille atrocités commises par eux sur des soldats restés au pouvoir des insurgés.

Le général de Bréa, qui, à la suite de la blessure mortelle qu'avait reçue le général Damesme au combat du Panthéon, l'avait remplacé dans son commandement, m'ordonna de faire arrêter sur-le-champ ces deux individus et de faire prendre des informations sur les lieux.

Je donnai l'ordre au lieutenant de grenadiers Grémion, aujourd'hui, je crois, colonel du 100e régiment de ligne, de se rendre, avec sa section, dans la rue des Postes, d'arrêter l'homme et la femme désignés, et de se livrer sur cette affaire aux plus minutieuses investigations de nature à éclairer la justice.

Une heure après, cet officier arrivait sur la place du Panthéon avec sa section, au milieu de laquelle se trouvaient les deux époux désignés et une petite fille de cinq à six ans.

Aussitôt une masse de volontaires de la garde mobile, cette fois, comme toujours, excités par des agents réactionnaires, se ruent sur les soldats du détachement, enlèvent l'homme et la femme (cette dernière avait eu l'heureuse inspiration de ne pas se séparer de sa fille et de la serrer dans ses bras), et tous vocifèrent les cris : « Il faut les fusiller ! il faut les massacrer ! »

Le mari, conservant tout son sang-froid et sa présence d'esprit, leur dit avec calme et résignation : « Tuez-moi, barbares, puisque vous avez soif de mon sang ! Femme, résigne-toi à mourir avec ta fille et ton mari, car, tu le vois, ces meurtriers en veulent à nos jours sans rime ni raison ; tu le sais, nous sommes innocents ! »

La femme, à genoux, serrant son intéressante enfant contre son cœur, faisait entendre des cris lamentables.

Je jugeai le moment opportun pour empêcher la perpétration d'un horrible crime qui devait souiller l'uniforme des soldats qui l'auraient commis. Je mis le sabre à la main, et vigoureusement secondé par les officiers, sous-officiers et soldats du 21ᵉ régiment de ligne, je parvins à repousser les gardes mobiles et à leur faire comprendre qu'ils étaient armés pour défendre la République et non pour servir d'instruments de haine et de vengeance aux ennemis de la démocratie.

Je fus assez heureux cette fois pour sauver ces trois personnes.

Je ne me suis jamais pardonné depuis de n'avoir pas fait arrêter, comme j'en avais le pouvoir, quelques-uns de ces prétendus officiers de la garde nationale. Nul doute que j'eusse reconnu en eux des misérables revêtus d'uniformes et d'insignes qu'ils n'avaient pas le droit de porter. D'ailleurs, que faisaient sur la place du Panthéon ces prétendus officiers de la garde nationale, quand aucun bataillon de cette milice ne faisait partie des troupes chargées du service sur ce point? Je maintiens donc mon dire; ils ne pouvaient être que des agents provocateurs déguisés.

Quand l'insurrection fut entièrement désarmée, la justice se livra à de nombreuses instructions, et, la réaction aidant, les poursuites furent nombreuses. On déploya une activité et un zèle inquisiteur qu'on n'avait jamais vus à aucune époque. Eh bien! a-t-on jamais entendu parler des poursuites exercées contre ces personnes de la rue des Postes? Leur innocence était donc certaine. Combien de fois depuis je me suis senti heureux d'avoir pu empêcher qu'ils ne devinssent les victimes de dénonciateurs, qui sans doute ne pouvaient avoir à leur reprocher que leurs opinions républicaines !

Dès le matin du dimanche, 25 juin, le général de Bréa avait formé deux colonnes des troupes placées sous son commandement. Il me donna le commandement de la deuxième, forte de cinq bataillons. Naturellement, la première colonne prit la tête, et dans cet ordre nous parcourûmes la rue Saint-Jacques et le boulevard intérieur du même nom. Arrivé en face des barricades de la barrière de la Maison-Blanche, le général de Bréa, mû par un sentiment d'humanité, et pour éviter, s'il était possible, l'effusion du sang, se présenta, accompagné de son capitaine aide de camp Mangin et du commandant Desmarest, du 23ᵉ léger, devant la barrière, derrière laquelle s'élevait une formidable barricade. Invité par les insurgés à passer de leur côté, il eut l'imprudence de se rendre à cette invitation, et dès ce moment il resta, avec les deux officiers qui l'avaient accompagné, prisonnier, contrairement aux lois de la guerre et au droit des gens qu'observent les nations les moins civilisées.

Dès que j'appris cet événement, je me transportai de ma personne à la tête de la colonne. J'y trouvai le colonel Thomas. Suivant son dire, il avait 15 jours d'ancienneté de grade de plus que moi, et par ce motif le commandement en chef lui appartenait. Je lui proposai tout d'abord de tenter une dernière démarche auprès des insurgés ; car pendant le cours de ces fatales journées de juin, je n'ai jamais perdu de vue un seul instant que la prolongation de ces luttes fratricides servirait les visées ambitieuses d'un prétendant. Aussi, comme s'en est scandalisé le *Constitutionnel* de cette époque, les cris les plus ordinaires qui sortaient des rangs des soldats que je commandais étaient : « Vive la République ! A bas les prétendants ! »

Le représentant du peuple de Ludre et moi, au risque d'être fusillés à bout portant, nous nous présentâmes donc comme parlementaires à la barricade. Dès que je me trouvai contre les barreaux de la grille en fer qui fermait la barrière, un gamin de quinze ans, tout au plus, me plaça l'extrémité de son canon de fusil sur le front en me criant : « Vive Napoléon ! La garde meurt et ne se rend pas ! »

Il est bon de faire remarquer que les défenseurs de cette barricade étaient un mélange de bonapartistes et de républicains socialistes. Un lieutenant de la garde nationale, en uniforme, marchand des quatre saisons dans le village de la Maison-Blanche, le citoyen Bussière, en était le chef.

J'avais relevé promptement le canon de fusil du jeune insurgé, c'est ce qui me sauva la vie. Du reste, Bussière, en me voyant menacé par lui, s'était empressé de lui imposer silence. « Respecte le colonel, lui dit-il, je sais que c'est un bon b..... »

Je profitai des bonnes dispositions du citoyen Bussière à mon égard pour faire un appel à ses sentiments d'honneur et d'humanité dans le but d'obtenir la liberté du général de Bréa. Les insurgés m'interrompirent par un ricanement général. « C'est Cavaignac que nous tenons, s'écriaient-ils, et nous ne le rendrons pas ! » Je fis de vains efforts pour les détromper en cherchant à leur démontrer que le parlementaire qu'ils retenaient n'était autre que le général de Bréa.

Après avoir rappelé aux insurgés, en termes énergiques, ce que le caractère sacré des parlementaires devait inspirer de respect, et leur avoir déclaré qu'en maltraitant le général de Bréa, ils se montraient plus inhumains et plus cruels que des sauvages, M. de Ludre et moi crûmes devoir nous retirer. Nous rejoignîmes la tête de la colonne, non sans courir de grands dangers, car si un seul coup de fusil eût été tiré pendant notre trajet, il eût été suivi bien certainement de plusieurs autres, et c'en eût été fait de nous.

Immédiatement après cet insuccès, le commandant en chef, le colonel Thomas, ordonna un mouvement de retraite, et les colonnes s'arrêtèrent à la barrière Saint-Jacques. Je ne me suis jamais rendu compte de ce mouvement rétrograde, quand, pour conserver des chances de sauver les jours du général et ceux des officiers qui se trouvaient avec lui, il eût été si préférable de ne pas s'éloigner des barricades, pour en imposer aux insurgés ! Ce n'est pas la seule faute, l'unique maladresse, commises par le colonel Thomas pendant cette journée. Mais je n'insisterai pas sur ces détails étrangers au sujet.

Les colonnes firent une assez longue halte à la barrière Saint-Jacques. Pendant ce temps, le colonel Thomas expédia au chef du pouvoir exécutif un garde national à cheval, pour l'informer de l'événement concernant le général de Bréa.

La réponse du général Cavaignac ne se fit pas attendre, et la voici telle que je l'ai lue moi-même :

« Le salut de la République n'exige pas la mort du général de Bréa.

« La République ne saurait être compromise par l'imprudence d'un général. Agissez !

« *Signé*, Cavaignac. »

La pythie de l'oracle de Delphes n'aurait pas mieux parlé !

Sur ces entrefaites, le maire du village de la Maison-Blanche vint en parlementaire ; comme je lui adressais les paroles les plus pressantes pour lui recommander de tâcher de sauver les jours du général de Bréa et ceux des deux officiers retenus prisonniers avec lui. « Colonel, me dit-il, je vous reconnais, c'est vous qui êtes venu en parlementaire ; je vous ai cru sacrifié ; estimez-vous heureux d'avoir échappé à la mort. Mais si vous voulez sauver votre général, adressez-vous à l'insurgé que vous voyez là, il m'a accompagné, et c'est le chef de la barricade avec lequel vous avez parlementé. » C'était en effet Bussière. Je m'adressai à lui et le pressai avec instance de respecter la vie de nos parlementaires et de nous les rendre. « Colonel, me répondit-il, avec assurance, pour qui me prenez-vous ? Me croyez-vous capable d'un crime ? » — « Si vous êtes un honnête homme, comme je le pense, hâtez-vous, repris-je, d'empêcher un grand malheur d'avoir lieu, un crime abominable d'être commis ; faites respecter le général comme je vous respecte vous-même, en votre qualité de parlementaire ; car enfin, si j'étais capable de commettre une mauvaise action, de salir mes épaulettes, je n'aurais qu'un mot à dire à mes grenadiers, et ils vous fusilleraient sur-le-champ. » — « Colonel, je pars, me répondit-il ; dans un instant je serai de retour, et si je ne vous les ramène pas, je vous demanderai la mort ! » — « Allez ! ne perdez pas une seconde, et revenez avec le général. » Il s'éloigna.

Au même instant, les colonnes se mettaient en mouvement pour se diriger de nouveau vers les barricades de la barrière de Fontainebleau. Pendant le trajet, j'entendis tout à coup une voix stridente qui criait : Colonel ! colonel ! » Je crus d'abord que ces cris étaient proférés par quelque soldat blessé, mais plusieurs grenadiers me désabusèrent à l'instant en me montrant l'insurgé auquel je venais de parler, qui accourait et m'appelait ainsi.

En effet, je reconnus Bussière. « Colonel, me dit-il en sanglotant, et le visage décomposé, empreint de désespoir : les brigands ! les scélérats ! Profitant de mon absence, ils assassinaient le général et son aide-de-camp au moment même où je prenais vis-à-vis de vous l'engagement d'honneur de vous les ramener sains et saufs ! « Faites-moi fusiller de suite, je ne veux pas survivre à un crime aussi horrible. » Il se jeta à mes pieds, saisissant les pans de ma tunique, et me répétant : « Faites-moi fusiller ! faites-moi fusiller ! »
— Relevez-vous, lui dis-je ; l'affreuse nouvelle que vous m'apprenez navre et déchire mon cœur d'une manière bien cruelle, mais elle ne saurait me faire oublier les devoirs que l'honneur et l'humanité m'imposent. Rassurez-vous, vous ne serez pas fusillé, mais vous resterez notre prisonnier. »

Bussière, il faut le dire hautement, s'était comporté dans cette douloureuse circonstance en homme de cœur. S'il eût été coupable, il ne serait pas venu me demander la mort ; aussi suis-je bien convaincu que personne ne me blâmera de lui avoir sauvé la vie, au péril de la mienne, dans les circonstances dont je vais entretenir le lecteur.

Un mot auparavant sur un incident de cette triste journée :

Après l'enlèvement des barricades, le colonel Thomas me laissa le commandement des onze bataillons dont se composaient les deux colonnes. Il se hâta de se rendre au ministère de la guerre; il ne put certainement pas se vanter des talents militaires dont il avait fait preuve dans le commandement qu'il avait exercé, et qu'il abandonnait sans ordre; mais comme cela réussit malheureusement trop souvent aux intrigants, il saisit l'occasion et obtint du général de Lamoricière le commandement du 11e régiment d'infanterie légère. Le Ministre, mieux informé, l'aurait dû punir sévèrement pour avoir abandonné son poste sans ordres.

J'appris, peu de jours après sa nomination, que le général ministre de la guerre avait témoigné de grands regrets de lui avoir accordé cette faveur, au détriment d'un officier supérieur plus méritant que lui.

Mais je reprends mon récit.

Dans la nuit du 25 au 26 juin, accablé par les fatigues et les douloureuses préoccupations de la journée du dimanche, j'étais assis sur un fauteuil, dans un petit salon du rez-de-chaussée de la maison de M. Mollendorf, fabricant de cuirs, rue Mouffetard, où je m'étais installé. Je commençais à sommeiller, quand, vers une heure du matin, un officier vint en toute hâte me prévenir qu'on voulait assassiner les prisonniers renfermés dans les chambres placées au-dessus des bureaux de l'octroi de la barrière de la Maison-Blanche. Je me rendis à la hâte sur les lieux désignés, et j'eus grand'peine à pénétrer dans une chambre encombrée de gardes mobiles, au milieu desquels se trouvait encore un prétendu officier de la garde nationale.

Cet individu, digne de devenir un des commissaires de police du 2 décembre, et que je me reproche toujours de n'avoir pas fait arrêter, criait à haute voix que l'insurgé prisonnier qui se trouvait au fond de la chambre était Bussière, l'un des assassins du général de Bréa, qu'il fallait se venger et le tuer à l'instant même!

Connaissant la conduite que Bussière avait tenue pendant la journée du dimanche et les efforts qu'il avait faits pour sauver les jours des parlementaires, je fus doublement indigné.

J'entrai résolûment dans la chambre, et, écartant avec vigueur les gardes mobiles, j'arrivai devant le malheureux Bussière, que je couvris de mon corps. S'il n'avait pas été fusillé avant mon arrivée, la chose n'avait tenu qu'à l'impossibilité où s'étaient trouvés les soldats d'abaisser leurs armes, tant ils étaient rapprochés du prisonnier et serrés les uns contre les autres.

Protégeant donc le prisonnier de mon corps, et faisant face aux gardes mobiles, je leur dis avec l'émotion chaleureuse que le lecteur devine : Mes amis, vous m'avez toujours obéi pendant la journée; pendant le combat vous vous êtes comportés comme de braves soldats de la République ; céderiez-vous maintenant à de criminelles instigations; seriez-vous capables de souiller vos uniformes, de transformer de loyaux républicains en de lâches assassins? Croyez-moi, ne versez pas le sang après le combat, vous feriez œuvre de bourreaux! Écoutez la voix de votre chef, et retirez-vous !

J'avais à peine achevé, qu'une voix stridente, qui partait de l'entrée de la chambre, cria :

« Puisque le colonel veut sauver ce brigand, à mort le colonel ! » Et tout à coup trois fusils s'abaissèrent en mettant en joue le malheureux Bussière. Je saisis aussitôt les baïonnettes de ces armes, et les dirigeai sur ma poitrine en criant : « Tirez, misérable, si rien ne saurait vous empêcher de commettre un crime, au moins je ne survivrai pas à votre infamie ; vos balles auront traversé ma poitrine avant d'atteindre celle du prisonnier ! »

Ces paroles désarmèrent mes soldats; les fusils se relevèrent.

Plus tard, en janvier 1849, quand je comparus comme témoin devant le 2ᵉ conseil de guerre, dans l'affaire des insurgés, accusés d'avoir assassiné le général de Bréa et son aide de camp, au nombre desquels se trouvait Bussière, après ma déposition, le

Président du conseil, le colonel de Cornemuse, demanda à l'accusé Bussière, le seul dont j'eusse parlé dans ma déposition, s'il avait quelques observations à présenter. « Je n'ai aucune observation à faire, mon-
« sieur le Président, répondit-il; tout ce que le colo-
« nel Mouton vient de dire est la vérité la plus exacte,
« mais permettez-moi d'ajouter que si cet officier su-
« périeur devait, devant moi, être un jour menacé de
« mort, mon plus grand bonheur serait de verser tout
« mon sang pour sauver ses jours, car je n'oublierai
« jamais que je lui dois la vie (1).

Le Président m'invita à expliquer au conseil le fait auquel le prévenu faisait allusion. Je lui répondis que ce fait m'étant tout personnel, et ne pouvant d'ailleurs rien ajouter d'essentiel à la déposition que je venais de faire devant le conseil, je le priais de m'en dispenser.

Le conseil se retira tout aussitôt pour délibérer sur l'incident. Quelques minutes après, il rentra en séance; et le Président, me déclarant que le conseil avait été

---

(1) Voici la lettre que Bussière m'écrivit sur son banc d'accusé, et qui me fut remise par un huissier du Conseil: « Monsieur le colonel, je regrette sincèrement de ne pouvoir vous témoigner de vive voix ma reconnaissance, mais j'espère vous prouver un jour que vous n'avez pas sauvé la vie à un ingrat.

« J'ai l'honneur, etc.
    « *Signé* Bussière (Jean-Robert). »

unanime pour exiger que j'expliquasse le fait en question, m'invita à le faire.

Je racontai *in extenso* tous les faits relatifs à la conduite que Bussière avait tenue pendant la journée du dimanche 25 juin, tels que je les ai narrés plus haut. Mais quand j'en vins au récit palpitant de la terrible scène de la nuit du 25 au 26 juin, l'auditoire fut saisi d'une indicible sensation.

C'était la première fois qu'un témoin autorisé dévoilait les excès de la réaction après juin.

Sur ma demande, le président du conseil me permit de me retirer immédiatement et de me rendre aux exigences de mon service.

Trois des accusés de ce procès furent condamnés à mort et exécutés. Bussière fut condamné à dix ans de prison, qu'il a subis à Belle-Ile. Il eût été probablement aussi condamné à monter sur l'échafaud, si, comme il arrive hélas! trop souvent en temps de réaction, j'eusse éprouvé quelques défaillances, et me fusse abstenu de dire les faits qui pouvaient servir l'accusé.

Ma déposition consciencieuse a pu déplaire à la réaction, déjà puissante à cette époque ; mais dans le prétoire même du conseil de guerre, j'ai reçu un bien honorable dédommagement dont le souvenir sera toujours cher à mon cœur.

Au moment où je me retirais, les 22 avocats chargés de la défense du pareil nombre d'accusés, se levèrent, par déférence pour moi et pour rendre hommage à l'indépendance et à la sincérité de ma déposition. Ces honorables citoyens chargèrent un des leurs, M. Madier de Monjau aîné, auquel s'adjoignit l'honorable M. Etex, sculpteur, de m'accompagner en signe de haute considération et de véritable sympathie.

C'était bien certainement plus d'honneur que je ne méritais, car, en définitive, dans tout ce qu'on vient de lire, je n'avais agi et parlé que comme il convient à tout honnête homme de le faire pour l'acquit de sa conscience.

CHAPITRE DEUXIÈME

II

Mon commandement dans la garde mobile. — Aversion du Président de la République à mon égard. — Il ordonne de me faire sortir de Paris. Remise de mon commandement au colonel Duprat de la Roquette. — Manifestation des volontaires. — Mon entrevue avec le général de Picard à Saint-Denis. — Mon départ pour Nevers, où je prends le commandement d'une portion du 21e de ligne. — Actes arbitraires dont étaient frappés les républicains de l'armée. — Acclamation des soldats du 21e de ligne lors de ma première inspection. — Passage d'un bataillon de la garde mobile à Nevers. — Mon entrée à sa tête en ville. — Enthousiasme général. — Réunion des officiers, sous-officiers et soldats des deux corps. — Cordialité parfaite. — Mon discours d'adieux prononcé devant la troupe et plus de 4,000 personnes. — Ma carrière militaire brutalement brisée. — Compte-rendu par le journal *le Bien du peuple* de ma destitution. — Départ précipité du 21e de ligne de Nevers. — Elections législatives. — Candidature improvisée du citoyen Guerbet, qui jette la division dans le camp républicain, et qui est cause de l'insuccès de la mienne. — Ma profession de foi aux électeurs de la Nièvre pour l'élection du 8 juillet 1849. — Mon nouvel échec dans cette élection.

Le 1er juillet 1848, je pris le commandement de six bataillons qui formaient la deuxième brigade de la garde mobile. Ce fut pour moi une vive satisfaction de me trouver à la tête d'une troupe dont tous les éléments, à quelques exceptions près, étaient sincèrement républicains. Malgré la grande sévérité que j'étais parfois obligé de déployer, mes soldats avaient pour moi un attachement cordial, non-seulement parce que j'avais pour eux une sollicitude constante, mais parce qu'ils connaissaient la fermeté de mes opinions républicaines. J'obtins en peu de temps un grand ascendant sur mes soldats, chose si précieuse pour l'homme qui exerce un commandement supérieur. Je n'en ai cependant jamais abusé, ce qui n'empêcha pas que, lors de l'élection présidentielle, on m'accusa bien souvent à l'hôtel du Rhin (1) d'avoir exercé une pression sur mes soldats pour les engager à voter contre Louis-Napoléon. Le fait est que pendant les repos de nos exercices, les volontaires me demandaient parfois pour qui ils devaient voter. Ma réponse était toujours celle-ci : « Mes enfants, si vous êtes républicains, ne votez pas pour un prince. » Avais-je tort de leur donner ce conseil? Et l'événement n'en a-t-il pas trop bien démontré la sagesse?

Toujours est-il qu'à dater de son élection, le Président de la République me fit sentir qu'il me considérait comme un ennemi.

Dès le 20 décembre 1848, le général Changarnier, commandant en chef toutes les gardes nationales de Paris, me signifia l'ordre du Président d'avoir à re-

---

(1) Le prince Louis-Napoléon était logé à l'hôtel du Rhin, place Vendôme, avant son élection du 10 décembre 1848.

mettre mon commandement et à quitter la capitale dans les vingt-quatre heures.

Cependant, sur l'observation du général Changarnier qu'on ne pouvait laisser six bataillons dans Paris sans commandant, il fut décidé que je ne partirais qu'après l'installation de mon successeur.

Le général me témoigna tous les regrets qu'il éprouvait de me voir l'objet d'une disgrâce bien imméritée : « Mais que voulez-vous? me dit-il, le Président ne peut pas vous voir. »

Nonobstant toutes les paroles bienveillantes du général, et tous les compliments qu'il me prodigua sur la manière dont j'exerçais mon commandement, je ne pus m'empêcher de lui dire : « Mon général, le Président poursuit en moi aujourd'hui le républicain; vous le verrez, un jour viendra qu'il poursuivra d'une pareille haine les orléanistes et les légitimistes. »

Je me suis demandé depuis si le général Changarnier s'était souvenu de mes paroles, quand le 2 décembre 1851, le Président de la République le faisait arrêter nuitamment dans son lit, par ses policiers, et trainer à la prison de Mazas.

Le 27 janvier 1849, à onze heures du soir, c'est-à-dire trente-six heures avant la prise d'armes du 29 janvier, le colonel Duprat de la Roquette vint m'apporter l'ordre écrit du général en chef, de lui remettre mon commandement, ce que je fis immédiatement. Le lendemain, mes gardes mobiles, qui ne s'étaient pas trompés sur les motifs de ma disgrâce, accueillaient cette nouvelle aux cris de : « Vive le colonel Mouton! »

Le 29 janvier, bien avant le jour, la ville de Saint-Denis, où était casernée la plus grande partie des bataillons dont le commandement venait de m'être retiré, était occupée par une force considérable d'infanterie, cavalerie, artillerie, et troupes du génie, sous les ordres du général de Ricard, devenu plus tard aide de camp du prince Jérôme Napoléon.

Au moment où je me rendais à l'hôtel du *Grand-Cerf* pour déjeuner, un caporal du 11e léger m'accosta et me dit que le général de Ricard m'invitait à passer immédiatement chez lui, à ce même hôtel du *Grand-Cerf*. Je me rendis aussitôt chez cet officier général, et je le trouvai ayant à ses côtés le colonel Duprat de la Roquette, le chef de bataillon Sarrand, faisant fonctions de commandant de place de Saint-Denis, et enfin un petit chef d'escadron d'état-major dont je regrette bien de ne pas connaître le nom, car je saurais au juste la récompense qu'il a obtenue pour le zèle bonapartiste dont il fit preuve prématurément.

« — Colonel, me dit le général de Ricard, je vous ai prié de venir chez moi pour vous dire que l'esprit et les manifestations des gardes mobiles que vous avez commandés longtemps m'inspirent des inquiétudes, et pour vous inviter à me dire quels sont les moyens à employer pour mettre fin à une effervescence que je considère comme dangereuse pour la tranquillité publique. »

« — Mon général, dis-je sur-le-champ, ma réponse, pour justifier la confiance dont vous m'honorez, sera brève et faite sans ambages. La garde mobile est une troupe intelligente et essentiellement républicaine. Réunissez-la, passez-la en revue, parlez-lui de la République; faites un appel à son dévouement pour la défendre, si elle était jamais attaquée; et vous causerez immédiatement dans ses rangs un enthousiasme qui vous démontrera qu'elle saurait mourir à son poste si jamais la République était en péril. »

A peine avais-je fini de parler que, à mon grand étonnement, je m'entendais interpeller de la sorte par le chef d'escadron d'état-major placé à ma gauche : « — Colonel, il ne s'agit pas de cela ; nous vous sommons de nous déclarer ici quelle serait la conduite que tiendrait la garde mobile, dans le cas où elle recevrait l'ordre de marcher? » Après avoir entendu cette sommation inconvenante et déplacée de la part d'un inférieur, je me tournai à droite, du côté du général, en tournant à dessein le dos au petit commandant, qui venait de s'oublier à ce point.

« — Général, repris-je, j'ai mille raisons pour être bien persuadé que vous désapprouvez de la manière la plus formelle la sortie irrespectueuse que vient de me faire un inférieur. Quant à moi, je n'ai d'autre réponse à lui faire que de lui exprimer un blâme qui ne peut manquer d'être partagé par vous et les officiers ici présents. »

« — En effet, dit aussitôt le général, je désapprouve et blâme fortement, commandant, les paroles que vous vous êtes permis d'adresser à votre supérieur ; mais, colonel, veuillez me dire nettement quelle serait la conduite de la garde mobile dans le cas où je lui ordonnerais de marcher ? » — « Elle vous obéirait, si vous la commandiez pour le service de la République ; mais elle se déclarerait contre tout chef qui pourrait s'oublier au point de la commander pour soutenir l'ambition d'un prétendant. »

Et je me retirai dans une des salles de l'hôtel pour déjeuner. A peine étais-je assis que ce même petit commandant, qui avait été si inconvenant envers moi, m'aborda avec une politesse obséquieuse : « Colonel, me dit-il, d'un ton mielleux, je viens de la part de mon général vous prier de vouloir bien l'accompagner pendant la revue qu'il va passer, suivant votre conseil, des bataillons de la garde mobile. » — « Veuillez, commandant, répondis-je, assurer le général de mon respect, et dites-lui que je ne puis me rendre à son invitation, d'abord parce que je n'ai plus aucun caractère officiel pour me présenter devant une troupe que je ne commande plus, et qu'ensuite je suis persuadé que les volontaires, en me voyant, ne manqueraient pas de m'acclamer à la face du général, ce que je tiens, avant toute chose, à lui éviter. »

Ce qui se passait devant mes yeux, ce que j'entendais autour de moi, alors même que j'évitais soigneusement de paraître, dans aucun lieu, devant les gardes mobiles, me démontrait surabondamment qu'ils me restaient dévoués, et qu'au premier signe. si l'existence de la République avait été menacée, je les aurais trouvés disposés à me reconnaître de nouveau pour leur chef et à m'obéir.

Pendant l'après-midi du même jour, 29 janvier, me promenant dans la galerie d'Orléans pour me tenir au courant de toutes les nouvelles du jour, je fus accosté successivement par deux officiers supérieurs de l'armée en activité, qui me racontèrent que, se trouvant à l'état-major du général en chef Changarnier, ils l'avaient entendu dire, à diverses reprises, sur l'avis qu'on lui donnait que plusieurs bataillons de la garde mobile se révoltaient, qu'il donnerait bien volontiers le commandement de ces bataillons au colonel Mouton, dont la popularité était grande dans les rangs de cette troupe : « Mais que voulez-vous ! s'empressait-il d'ajouter, le Président de la République ne veut pas entendre parler de lui ! »

Il faut bien le dire, puisque c'est la vérité, dans cette circonstance Louis Bonaparte faisait preuve de perspicacité, car j'eusse certainement mis à profit l'importance de ma position militaire pour combattre ses projets liberticides.

On ne m'avait donné que vingt-quatre heures pour

sortir de Paris. Il m'était ordonné de me rendre à Nevers, afin d'y prendre le commandement, sans aucun retard, d'une portion du 21ᵉ régiment d'infanterie de ligne et pour y commander, par intérim, le département de la Nièvre.

Dès ce jour, je compris que ma carrière militaire était brisée, et que mes opinions républicaines ne seraient pas plus oubliées en province que dans la capitale.

On sait d'ailleurs que l'élection de Louis-Napoléon fut le signal d'une persécution générale dirigée contre tous les fonctionnaires civils et militaires, suspects d'être républicains sous la République. Dans l'armée, principalement, tout officier qui avait l'imprudence de manifester ses opinions républicaines était mis en non-activité par retrait d'emploi ou admis d'office à la retraite. Quant aux sous-officiers ou soldats, on les expédiait aux isolés d'Afrique. Ignoble persécution, préparatrice de la trahison de décembre et d'autant plus révoltante qu'elle s'exerçait au nom de la République, par les ordres d'un homme qui lui avait juré fidélité après avoir tout reçu d'elle, patrie, honneurs et pouvoir!

En présence des dispositions d'un gouvernement en conspiration permanente contre la République, je ne pouvais tarder d'expier un républicanisme que ma loyauté et ma dignité me défendaient de voiler en pleine République. Une occasion se présenta bientôt.

Elle fut saisie avec empressement par le pouvoir.

Avant mon arrivée à Nevers, mes soldats du 21ᵉ de ligne connaissaient déjà la disgrâce que le Président de la République venait de me faire subir. Tout en déplorant cet acte, ils étaient contents de me revoir à leur tête. Aussi, à la première inspection que je passai du corps, crièrent-ils unanimement au défilé! Vive le colonel Mouton! Je fus sans doute heureux d'entendre ces acclamations spontanées; mais je compris de suite que cette popularité qui me suivait et qui avait son principal mobile dans mon républicanisme, devait, plus que jamais, attirer sur ma personne l'attention du pouvoir.

Cependant la manifestation de mes soldats du 21ᵉ de ligne n'eut aucun retentissement, et cette fois j'échappai à l'œil scrutateur de la réaction. Mais ce n'était pas pour longtemps. Une autre occasion se présenta, qui devait permettre au pouvoir de briser prématurément ma carrière militaire.

Il y avait près de trois mois que j'avais pris mon commandement du 21ᵉ de ligne, quand passa à Nevers, allant en Corse, un bataillon de la garde mobile qui, précédemment, avait été sous mes ordres. On l'éloignait de Paris comme tous les autres bataillons de la mobile, en attendant de les dissoudre ; leur républicanisme gênait les visées criminelles du Président.

Un lieutenant avait précédé le bataillon de mobile à Nevers pour me demander, au nom des officiers, sous-officiers et soldats, de leur faire l'honneur d'entrer à la tête du bataillon dans la ville.

J'acceptai, comme je le devais, cette marque d'attachement que me donnaient des volontaires que j'avais commandés dans des temps bien difficiles. Je montai à cheval, et partis au galop au-devant du bataillon, que je rencontrai à peu près à deux kilomètres de la ville. A mon apparition, le bataillon s'arrêta : Les cris de : « Vive le colonel Mouton! vive la République! » retentirent dans tous les rangs, et furent répétés avec ensemble par plus de trois mille citoyens de Nevers accourus au-devant de la troupe et auxquels s'étaient joints spontanément un grand nombre de sous-officiers et soldats du 21ᵉ de ligne, qui venaient fraterniser avec leurs compagnons d'armes républicains de la garde mobile.

Je ne puis dissimuler l'émotion dont je fus saisi, en me voyant l'objet d'une telle ovation. J'étais fier et heureux de voir mon nom mêlé dans les acclamations des soldats à celui de la République.

J'adressai quelques paroles de reconnaissance aux gardes mobiles ; puis, j'invitai le commandant à former sa colonne et à la mettre en route pour faire notre entrée dans la ville. Elle eut lieu au milieu d'un grand concours de personnes de tout âge et de toutes les conditions. La musique du bataillon jouait les airs nationaux, qui n'étaient pas encore celui de la fade romance, *Partant pour la Syrie* ; c'était la *Marseillaise et le Chant du Départ.* Les cris de : « Vive la République ! » étaient proférés par des milliers de personnes des deux sexes, placées à toutes les portes et fenêtres des maisons, par la foule innombrable qui précédait la troupe, et par la troupe elle-même.

Arrivés sur la place de la République, j'invitai, avant de faire rompre les rangs, les officiers, la moitié des sous-officiers et une députation de soldats de chaque compagnie de la garde mobile, ainsi que du 21ᵉ de ligne, à un punch que j'offris pour le soir.

Notre réunion fut remarquable par l'entrain, la gaieté et les sentiments républicains qu'on y exprima, aussi bien que par son caractère de décence.

Ce fut une véritable fête de famille qui fit la meilleure impression sur la population de Nevers, heureuse de constater la bonne entente, la cordiale et fraternelle harmonie qui existaient entre les militaires des deux corps.

Un adjudant-major vint me demander, au nom des sous-officiers et soldats, de ne faire battre la retraite dans la place qu'à neuf heures et demie. Un refus, de ma part, pouvait mettre un grand nombre d'hommes dans le cas de se faire punir. Je fis donc droit à la demande qu'on me faisait, et j'allai moi-même à dix heures à la caserne occupée par le 21ᵉ recevoir l'appel des compagnies. Il ne manqua qu'un seul soldat, et encore le trouvai-je au bas de l'escalier, à ma sortie de la caserne.

Je reçus le même soir les rapports du commissaire de police et du commandant de la gendarmerie, constatant qu'ils n'avaient eu aucun désordre à réprimer, et que la fraternisation entre les militaires des deux corps n'avait troublé la tranquillité sur aucun point.

Je fus également invité par les officiers, sous-officiers et soldats du bataillon de la garde mobile à aller les reconduire, le lendemain dimanche. Satisfait de tout ce qui s'était passé la veille, je n'eus garde de refuser ce nouvel honneur.

Le départ eut lieu à quatre heures du matin par un temps admirable.

Je puis dire, sans craindre de tomber dans aucune exagération, que plus de trois mille personnes des deux sexes et de toutes les conditions avaient revêtu leurs plus beaux habits pour venir, à cette heure matinale, accompagner le bataillon jusqu'à quatre kilomètres de la ville. Arrivé à cette distance, je priai le chef de bataillon d'arrêter sa troupe, de la serrer en masse, puis j'adressai en ces termes mes adieux aux volontaires :

« Mes enfants, j'emploie toujours cette expression, car elle est la seule qui puisse rendre avec fidélité les sentiments dont mon cœur est animé pour vous.

« Le moment de nous séparer est encore une fois arrivé; combien il est rempli d'amertume ! La joie que j'ai éprouvée en vous revoyant hier peut seule vous donner la mesure du chagrin que j'éprouve à cette heure en vous quittant.

« Vous allez au delà des mers ; mais qu'importe la distance, elle n'affaiblira pas nos sentiments de mutuelle affection. Gardez-moi une place dans vos cœurs ; quant à moi, je ne vous oublierai jamais, car, je vous le répète, vous êtes mes enfants.

« Soldats des barricades de février, vous avez versé votre sang pour fonder la République ; continuez à la défendre avec dévouement et courage, car la République est la cause des grandes et nobles choses ! C'est la sainte cause des peuples ! Vive la République ! ! ! (1). »

Qu'y avait-il à reprendre dans ce discours que je venais d'adresser à mes anciens soldats ? Rien sans doute. Tout était honorable pour celui qui l'avait prononcé, comme pour ceux auxquels il était adressé. C'est du moins ainsi que pensaient tous ceux qui m'entouraient, puisqu'au moment où j'allais me retirer, un honorable citoyen, dont j'ai toujours ignoré le nom, et je le regrette, saisissant la bride de mon cheval, me dit à haute voix :

« Sans craindre d'être démenti ici par personne, colonel ! vous êtes un franc et loyal républicain, vous

---

(1) Voir le journal *le Bien du Peuple*, du 29 avril 1848, qui se publiait à Nevers.

avez justement acquis la considération, l'estime et les sympathies de toutes les personnes qui ont entendu les patriotiques paroles que vous venez de prononcer.

« Je vous le dis, avant peu les Nivernais vous donneront de leurs nouvelles. »

En effet, quelques jours après, les républicains les plus influents de la ville de Nevers venaient m'offrir une candidature de représentant du peuple pour les élections générales du 13 mai 1849.

Le lecteur m'excusera d'avoir insisté si longuement sur un incident qui n'aurait mérité qu'une simple mention. Mais comme il fut le prétexte dont le pouvoir se servit pour me frapper, j'ai cru devoir raconter le fait avec détails. Le lecteur pourra juger en parfaite connaissance de cause.

Le 25 avril, un commis du Président de la République, le général Rulhières, ministre de la guerre, contrairement aux lois et règlements, me signifiait par écrit ma mise en retrait d'emploi, pour les trois causes ci-après indiquées :

1° Pour avoir accepté une candidature de la part des anarchistes (c'est-à-dire des républicains sous la République);

2° Pour avoir reconduit un bataillon de la garde mobile le jour de son départ de Nevers (grand crime, puisqu'on avait acclamé la forme du gouvernement qui payait ce ministre prévaricateur);

3° Pour avoir admis à ma table des sous-officiers et soldats (1).

Comme on le voit, les effets d'une vile délation et des rapports mensongers de la police présidentielle ne s'étaient pas fait attendre.

Je gardai toute mon indépendance, toute ma dignité, dans la réponse que je m'empressai d'adresser au ministre de la guerre ; je ne m'abaissai pas à une justification. Je lui dis que la candidature que j'avais acceptée était républicaine, et qu'à ce titre, elle devait être antipathique à un légitimiste ; j'ajoutai qu'en me reprochant d'avoir admis à ma table des sous-officiers et soldats, il oubliait que le drapeau de la République, qui figurait encore dans les rangs de l'armée, portait dans ses plis, en gros caractères, en lettres d'or, le mot *Fraternité* ; et qu'en reconduisant le bataillon de la garde mobile, le jour de son départ, si au lieu des cris légaux et constitutionnels de : « Vive la République ! » j'eusse proféré ou fait proférer ceux de : « Vive Napoléon ! » ou voire même ceux de : « Vive l'Empereur ! » ce n'était pas une brutale révocation qui serait venue m'atteindre : au contraire, à dater de ce jour, on m'eût admis, au nombre des conspirateurs contre la République ; des faveurs et un brillant

---

(1) Voir le journal *le Bien du peuple*, du 27 avril 1849, qui s'imprimait à Nevers.

avancement eussent été la récompense de ma félonie !

« L'acte inique par lequel, disais-je en terminant, vous m'enlevez mon commandement, vous brisez une honorable carrière, est empreint d'illégalité et viole arbitrairement les droits de l'armée.

« Je mets momentanément mon épée dans le fourreau.

« Puissent maintenant les démocrates de la Nièvre me nommer un de leurs représentants, afin qu'à la première occasion, je puisse du haut de la tribune nationale, vous reprocher votre mépris des lois, et vous attacher au pilori de la France, pour la nouvelle persécution que vous venez d'infliger à un républicain !

« Je me retire, je rentre avec honneur dans la vie civile, avec la consolation de pouvoir dire : On m'a brisé brutalement, mais on ne m'a pas courbé !... »

Voici comme le journal républicain de Nevers, le *Bien du peuple*, s'exprimait au sujet de ma destitution, dans son numéro du 27 avril 1849 :

« Notre bonne ville de Nevers, d'ordinaire si tranquille, est
« sourdement agitée. La population est tiraillée en sens inverse :
« d'un côté frémit l'indignation, de l'autre frissonne la peur.
« En voici la cause :
« La nouvelle de la brutale destitution du colonel Mouton
« était à peine connue, qu'elle formait le texte de toutes les con-
« versations ; et chacun ne se faisait pas faute de dire tout haut ce
« qu'il pensait de cet acte inique, et d'en accuser les auteurs.

« Bien plus grande encore fut l'indignation parmi les soldats
« dont le colonel Mouton était l'idole. Spontanément tous les
« sous-officiers et une centaine de soldats se rassemblent et se
« rendent en bon ordre auprès de celui qu'ils appelaient le père
« du soldat. Ils lui expriment, dans un langage sorti du cœur,
« tous les sentiments qu'ils éprouvent pour sa personne, tous les
« regrets qu'ils ressentent pour le coup qui le frappe.

« Le colonel leur répond par quelques paroles où se déteignait
« toute son âme; puis l'émotion les gagnant tous, il y eut une
« de ces scènes d'adieux touchants où les yeux sont pleins de
« larmes, où les poitrines sont pleines de sanglots.

« Le colonel se dérobe à cette scène d'attendrissement; quant
« aux sous-officiers et soldats, ils se rendent en ordre à la préfec-
« ture, ils reprochent au préfet d'être le délateur du chef qu'ils
« aiment, et l'accusent de le leur avoir fait enlever. Quel fut
« l'entretien entre M. Petit de la Fosse et les délégués du régi-
« ment ? Nul ne le sait; mais ce que personne n'ignore, c'est
« qu'à cause de cette démarche, un quart d'heure après, cinq
« sous-officiers étaient mis sous les verrous, et un grand nombre
« de soldats consignés.

« Ce n'était pas fait, assurément, pour calmer l'effervescence.
« Aussi, le soir, la rue du Commerce, où logeait le colonel Mou-
« ton, était-elle encombrée d'ue foule considérable, principale-
« ment de soldats et d'ouvriers, de groupes plus ou moins épais,
« plus ou moins agités, d'où sortaient de temps en temps les cris
« de : Vive la République ! « Vive le colonel Mouton ! »

« Cette manifestation patriotique et de reconnaissance a entre-
« tenu l'anxiété sans que l'ordre ait été troublé un seul instant.

« Nous félicitons nos citoyens de cette attitude digne, mais
« qu'ils se souviennent seulement, quand le scrutin s'ouvrira, de
« bien se garder de frelater leur bulletin d'un seul nom de réac-
« tionnaire. »

Voici comme le même journal s'exprimait sur le même sujet, le 29 avril 1849 :

« La destitution du colonel Mouton doit être placée au premier
« rang parmi les iniquités déjà si nombreuses du parti réaction-
« naire. En remontant aux plus mauvais jours de la monarchie,
« on aurait peine à rencontrer un acte aussi odieux. Il était im-
« possible de méconnaître avec plus de cynisme des droits ac-
« quis par une longue période de loyaux services ; et le coup
« qui a été porté au colonel Mouton retombe sur toute l'ar-
« mée.

« Désormais, en effet, il n'est pas de position qu'on ne puisse
« briser violemment au caprice de quelque délateur anonyme.

« On imagine un tissu de mensonges et de calomnies ramas-
« sés dans la boue, ou sortis des sentines impures d'une basse
« police, contre un officier supérieur et il n'est point admis à
« en démontrer la fausseté! Si, suivant les usages militaires et
« les règles de la justice, au lieu de briser brutalement la car-
« rière du colonel Mouton, on eût ordonné une enquête, il eût
« été facile de connaître la vérité.

« Un citoyen, après avoir servi trente-huit ans son pays avec
« honneur et dévouement, verra donc sa carrière anéantie par le
« souffle impur de la délation, quand tout s'est passé au grand
« jour de la place publique ; quand il n'est pas un homme droit
« et honnête qui ne tienne la conduite du colonel Mouton, pen-
« dant le passage et le séjour des volontaires de la garde mobile
« à Nevers, comme tout à fait irréprochable, etc. »

Il fallait, en effet, que ma conduite eût été jugée patriotique et très-honorable par tous les habitants de la ville de Nevers, puisque quelques jours plus tard, aux élections générales du 13 mai 1849, sur 4,200 votes exprimés, j'étais, parmi les douze candidats démocrates et les huit candidats réactionnaires, celui qui obtenait le plus grand nombre de voix dans ce collége.

J'en avais réuni 3,090, Dupin aîné 2,064, et le général Changarnier, qui faisait à cette époque cause commune avec le Président de la République, 1,965 voix à peine.

Le dévouement que les soldats me témoignaient plus que jamais depuis le jour où ils avaient eu connaissance de la disgrâce dont le pouvoir venait de me frapper, inspira une telle épouvante au préfet Petit de Lafosse, qu'il s'empressa de demander au ministre de la guerre, par le télégraphe, l'éloignement immédiat du 21e de ligne de la ville de Nevers.

Le même jour, par la même voie, le régiment reçut l'ordre de partir pour la ville de Troyes, le lendemain à quatre heures du matin.

On sembla alors passer des jours plus paisibles à la préfecture. Cependant ma seule présence, à Nevers, causait, paraît-il, des insomnies au satrape du logis, ou, plus vraisemblablement, égarait sa raison.

En effet, il fallait bien qu'il en fût ainsi, puisqu'il s'oublia au point d'avoir la stupide audace de m'envoyer un matin le maréchal des logis de gendarmerie me signifier l'ordre de m'éloigner de Nevers, « attendu, « disait-il, que je n'avais plus aucun commandement « à exercer dans cette ville. »

Le sous-officier me signifia cet ordre inouï avec le

plus grand respect, me fit comprendre qu'il faisait bien à regret une semblable démarche, et qu'il appréciait toute l'illégalité de l'injonction préfectorale.

« Je ne veux pas, lui dis-je, m'abaisser jusqu'à écrire au préfet pour lui faire sentir tout l'arbitraire qu'il voudrait exercer envers ma personne; mais, dans la crainte que vous ne lui transmettiez pas fidèlement ma réponse à son impertinence, veuillez, maréchal des logis, vous asseoir à cette table et l'écrire sous ma dictée :

« Le colonel Mouton, comme citoyen français, a le droit d'habiter, à son choix, toutes les localités de la République; or, la ville de Nevers lui étant agréable, il y est et y restera tant que cela lui plaira.

« Essayez, monsieur le Préfet, de faire de la force si vous l'osez! »

Et, pour lui prouver que j'étais bien décidé à braver l'arbitraire d'un valet de Louis Bonaparte, je partis le lendemain à cheval et en tenue militaire pour faire ma tournée dans tout le département, afin de me mettre en relations avec mes futurs électeurs.

Cette tournée dura six jours; je fus reçu partout avec une chaleureuse et cordiale sympathie. Mon élection, comme représentant du peuple, aurait eu lieu à une immense majorité, si un démocrate de Clamecy, M. Guerbet, n'avait accepté, contrairement à la discipline qu'il était indispensable d'observer dans cette circonstance, une candidature qui n'était connue et adoptée que par l'arrondissement de Clamecy. Elle m'enleva néanmoins 18,000 voix qui, par leur nuance, m'appartenaient.

Cette scission dans le camp républicain, huit jours avant l'élection, émut et contraria profondément les représentants de la Montagne, qui attachaient une grande importance à la réussite de mon élection, à cause du grade que j'avais occupé dans l'armée et de l'énergie bien connue de mon républicanisme.

Aussi la Montagne s'empressa-t-elle d'envoyer à Nevers le représentant du peuple Félix Pyat, pour engager le citoyen Guerbet, non désigné par le Comité électoral, à se désister d'une candidature qui pouvait avoir pour résultat de laisser la chance à un candidat réactionnaire.

Le citoyen Guerbet, qui mourut depuis à Cayenne victime de son républicanisme, manqua ce jour-là de patriotisme ou d'intelligence ; il se cramponna à sa candidature. J'offris avec insistance mon désistement, que le Comité, et notamment le citoyen Félix Pyat, refusèrent obstinément. L'élection eut lieu ; les six premiers candidats de la liste républicaine furent nommés. Quant à moi, le septième, je restai sur le carreau, avec quelques centaines de voix de moins que Dupin aîné, le réactionnaire, qui compléta la liste des sept représentants que devait envoyer la Nièvre à l'Assemblée nationale.

Tout s'enchaîne dans les évolutions de ce monde.

Dupin aîné, élu représentant, fut nommé par ses collègues Président de l'Assemblée. La France déplore encore aujourd'hui la conduite sans dignité qu'il tint au moment où le coup d'État s'accomplissait. Sa couardise en face des prétoriens qui envahirent le palais de l'Assemblée ne fut pas sans influence sur le succès de l'attentat.

Si cependant Dupin n'eût point été élu, l'Assemblée eût peut-être choisi un autre Président assez énergique pour en imposer à la force brutale et pour rallier les représentants du peuple qui se présentèrent au Corps législatif.

Peu après les élections de mai, le citoyen Félix Pyat, élu à la fois dans le Cher et la Nièvre, opta pour le premier de ces deux départements. Il fallait donc procéder à une nouvelle élection dans la Nièvre. Elle fut fixée au 8 juillet.

Le Comité électoral républicain eut à choisir un candidat parmi le grand nombre de ceux qui se présentaient. A la majorité de 27 voix contre 5, je fus choisi comme seul et unique candidat par le Comité. La réaction me donna pour concurrent M. Manuel, ancien député de l'opposition sous Louis-Philippe.

Voici la proclamation que j'adressai aux électeurs, le 4 juillet 1849, c'est-à-dire quatre jours avant l'ouverture du scrutin.

Aux Électeurs de la Nièvre :

« Le Comité électoral central de la Nièvre m'a
« choisi pour son candidat aux élections du 8 juillet
« prochain. Électeurs républicains, vous avez un
« Montagnard de plus à envoyer à l'Assemblée pour
« compléter votre représentation nationale. Je réclame
« cet honneur.

« A l'heure où nous écrivons ces lignes, vos repré-
« sentants sont poursuivis, l'un d'eux est déjà dans
« les cachots ; regardez sur les bancs les plus élevés
« de la Montagne, une place est vide, c'est celle du
« citoyen Gambon ; votre devoir est de la remplir.
« L'ennemi nous environne de toutes parts ; aujour-
« d'hui il prend les chefs, demain il lui faudra les
« soldats de la démocratie (1). Union donc et persé-
« vérance !

« Union, car le moment n'est pas bien loin où les
« perfidies, jusqu'ici cachées, apparaîtront au grand
« jour, où le masque tombera de la face des traîtres.

« Persévérance, c'est le gage le plus certain du
« succès ; qui ne sait pas vouloir la liberté, n'est pas

---

(1) Triste prévision qui ne s'est que trop réalisée en décembre 1851, car on n'oubliera jamais dans la Nièvre qu'à cette époque néfaste, plus de 2,000 citoyens ont été arrêtés et transportés.

« digne d'en jouir. — Soldats ! n'abandonnons pas
« notre drapeau ; qui hésite est lâche, qui fuit est
« traître, et il n'y a dans nos rangs ni traîtres ni lâ-
« ches !

« Les victoires de la réaction ne sont dues qu'à la
« ruse, à la trahison, à la calomnie ; laissons à cer-
« tains hommes le triste privilége du parjure et de la
« peur. Nous, républicains, restons frères, immobiles,
« debout dans notre droit ; soyons toujours prêts pour
« la lutte, si nous voulons un jour nous reposer dans
« le triomphe.

« En envoyant un Montagnard de plus à l'Assem-
« blée, c'est dire au pouvoir : Nous protestons contre
« vos actes arbitraires, nous flétrissons la guerre fra-
« tricide que vous faites à une république sœur ca-
« dette de la nôtre. — La force peut étouffer le droit,
« le tuer, jamais ! — C'est lui dire : Il y a dans la
« Nièvre des patriotes que vos persécutions n'intimi-
« dent ni ne découragent ; nous voulons aujourd'hui
« ce que nous voulions hier : le droit au travail, seule
« prospérité du pauvre ; le crédit pour tous, pour tous
« l'éducation commune, mère de l'égalité ; nous vou-
« lons la liberté sous toutes les formes ; en un mot,
« nous demandons pour chaque citoyen une place au
« soleil de la République, le seul qui n'ait point d'om-
« bre. — Nous voulons aussi que la France, qui éclaire
« les peuples, porte en mains le glaive qui défend et
« protége, et non le poignard qui assassine !

« Si le découragement s'emparait de vous, citoyens ;
« si, par impossible, quand vos représentants sont
« prêts à tout souffrir, la mort même, pour conserver
« intact le mandat que vous leur avez conféré, vous,
« électeurs, les abandonniez au moment du danger,
« chacun d'eux n'aurait plus qu'à faire comme César,
« à s'envelopper le visage dans son manteau pour ne
« pas voir la liberté mourante, et offrir sa poitrine
« aux poignards qui la cherchent !

« Mais non, il n'en sera pas ainsi, parce que cela
« ne peut être ; qu'avons-nous besoin de vous rappe-
« ler vos devoirs ? vous les connaissez et vous avez
« prouvé que vous savez les remplir. — Le jour du
« scrutin, vous quitterez les champs et l'atelier, et
« tous, vous tenant par la main comme des frères,
« vous irez déposer votre bulletin dans l'urne. Puis,
« en rentrant au foyer, vous pourrez dire : Enfants,
« je viens de voter pour vous, puisque j'ai voté pour
« un défenseur du peuple ; à nous, vos pères, les dan-
« gers de la lutte, à vous les bénéfices de la vic-
« toire ! »

L'élection eut lieu ; et alors que tout m'annonçait que je devais avoir sur mon concurrent une majorité de plus de 15,000 voix, une fatalité, la même qui s'est attachée à ma personne depuis cette époque, me poursuivit, et Manuel obtint 1800 voix de plus que moi.

Les causes principales de ma défaite peuvent être attribuées aux circonstances suivantes :

1° Un grand nombre de prêtres me diffamèrent du haut de la chaire ;

2° L'abstention fut grande dans les communes rurales, d'abord parce que le choléra sévissait avec une effroyable intensité dans tous les centres principaux du département, et ensuite parce qu'on était occupé à cette époque aux travaux de la fenaison et de la moisson.

Par ce double motif, les cultivateurs étaient fortement engagés par de faux coreligionnaires, agents habiles de la réaction, à ne pas se déranger pour donner quelques centaines de voix de plus au colonel Mouton, qui était assuré d'obtenir 20,000 voix de plus que Manuel.

CHAPITRE TROISIÈME

III

Mon retour à Paris. — Mon élection comme vice-président de l'association démocratique des Amis de la Constitution. — Protestation de cette Société contre la violation de la Constitution. — Manifestations dans Paris. — Rôle joué par le général Changarnier. — Ma candidature comme colonel de la 11e légion de la garde nationale. — Election ajournée indéfiniment. — Rentrée dans ma famille à Cherbourg. — Ma nomination au commandement de l'artillerie de la garde nationale. — Fondation et condamnation du journal *la République du peuple*. — Manifeste en vue des élections du mois de mai 1852. — Réception toute républicaine faite au Président à Cherbourg. — Incident au bal. — Dissolution de l'artillerie de la garde nationale de Cherbourg. — Ma lettre d'adieux aux artilleurs. — Plan de résistance à organiser en province.

Dès le 25 mai 1849, c'est-à-dire après les résultats connus des élections générales du 13 de ce mois, je me rendis à Paris, où, comme un des fondateurs de l'association démocratique des Amis de la constitution, j'avais suivi régulièrement les réunions de cette société. J'y fus l'objet d'un bien sympathique et cordial accueil de la part de mes anciens collègues. Pour me démontrer qu'ils approuvaient en tous points la conduite que je venais de tenir dans le département de la

Nièvre, ils me nommèrent un des vice-présidents de l'association.

L'existence de cette société était légale ; mais, en raison de l'influence républicaine qu'elle exerçait dans la capitale et dans toute la France, elle gênait singulièrement le pouvoir, et attirait sur elle toute son attention.

La majorité de l'Assemblée législative faisait alors bon ménage avec le Président de la République. Poursuivant le même but, c'est-à-dire le renversement de la République, elle n'avait pas reculé devant une violation flagrante de la Constitution, en entreprenant une intervention à main armée en faveur du pape contre la République romaine. L'opinion s'en émut dans Paris et dans les principaux centres de la France : notre association prit une grande part à l'opposition que le peuple parisien voulait faire à cette guerre inconstitutionnelle et liberticide.

Le bureau, au nom de l'association, fit insérer dans les journaux la protestation suivante :

ARTICLE 110.

« L'Assemblée nationale confie le dépôt de la présente Constitution et les droits qu'elle consacre à la garde et au patriotisme de tous les Français »

« Que tous les amis de la constitution, que tous les

vrais citoyens se rappellent les devoirs que leur impose la loi fondamentale !

« Qu'une manifestation grande et calme comme la justice solennelle, comme la sainte cause des nationalités, fasse éclater la protestation du peuple français contre les audacieuses entreprises du pouvoir, et qu'elle assure désormais le triomphe de la Constitution !

« La France entière s'associera au généreux élan du peuple de Paris.

« Le bureau de l'association démocratique des Amis de la Constitution.

« *Signé* : Philippe Lebas, le colonel Mouton, Cerceuil, E. Desmarest, Buisson, Mauduit, Henri Martin. »

La veille du jour où le peuple de Paris devait faire sa manifestation, c'est-à-dire dans la nuit du 12 au 13 juin 1849, une réunion eut lieu, sous la présidence du citoyen Ledru-Rollin, dans le local du journal, *la Démocratie pacifique*, rue de Beaune. Elle fut très-nombreuse ; elle se composait d'une grande partie des représentants du peuple de la Montagne, des journalistes républicains, des délégués de toutes les associations républicaines, des étudiants et des ouvriers. Les citoyens Philippe Lebas, Grellet, Henri Martin, E. Desmarest et moi, y représentions les Amis de la Constitution.

A notre arrivée, nous fûmes présentés au Président Ledru-Rollin. Nonobstant mes observations réitérées, mes collègues exigèrent que je portasse la parole. Cependant tous avaient plus de talent oratoire que moi. Je déférai à leur désir.

Mes paroles furent bien accueillies et écoutées avec une grande attention ; mes propositions parurent être vivement appuyées par le citoyen Ledru-Rollin, par les étudiants et les ouvriers ; mais quand on procéda au scrutin, elles furent repoussées par une faible majorité.

J'ai bien regretté ce résultat, et cela avec d'autant plus de raison, que la suite a malheureusement confirmé ce que j'avais prédit.

La manifestation, sans armes, eut lieu dans la journée du 13 juin 1849. Plus de cinquante mille citoyens en faisaient partie. Si elle eût été ajournée au lendemain, plus de cent mille citoyens y auraient pris part.

Cette manifestation, au deuxième rang de laquelle je me trouvais à côté du citoyen Etienne Arago, était partie du Château-d'Eau, suivant le boulevard. Elle fut coupée en deux, et dispersée à la hauteur de la rue de la Paix par une colonne d'infanterie et de cavalerie à la tête de laquelle se trouvait le général Changarnier.

Cette journée n'eut d'autre résultat que de laisser dire aux exécuteurs des projets de la réaction, que, cette fois encore, ils avaient sauvé la société.

De nombreuses arrestations eurent lieu, et la haute cour de Versailles fonctionna pour condamner les citoyens qui, prenant l'article 110 de la Constitution au sérieux, avaient cru qu'il était de leur devoir de protester contre la violation flagrante de cette constitution.

Il m'a toujours été assuré que si les signataires de la protestation de l'association démocratique des Amis de la Constitution n'ont pas été s'asseoir sur les bancs de la haute-cour de Versailles, ils le doivent à ce que le citoyen Philippe Lebas, membre de l'Institut, se trouvait au nombre de ces signataires. Or, le Président de la République s'est rappelé que cet honorable citoyen avait été son précepteur pendant sept ans, et, ne voulant pas le faire traduire en justice, il a bien fallu que ses collègues jouissent de la même faveur.

Je n'ai pas à m'étendre davantage sur les événements survenus par suite de cette première violation de la Constitution : d'autres en ont fait le récit avec plus d'autorité que je ne pourrais en avoir.

Vers le 20 juillet de la même année, je reçus la visite de trois chefs de bataillons de la 11e légion de la garde nationale, au nombre desquels se trouvait mon bon et loyal ami, le commandant Mauduit. Ils venaient m'offrir la candidature de colonel de cette légion, qui deviendrait vacante par suite de la démission du titulaire, M. Edgard Quinet, qui désirait me céder ce poste important.

En effet, ayant répondu que je ne refusais pas l'honneur de la candidature qui m'était offerte, je reçus, deux jours après, la visite de M. Edgard Quinet, qui me confirma de vive voix son désir de me voir lui succéder à la tête de la 11ᵉ légion.

Le maire du XIᵉ arrondissement et ses adjoints, élus du peuple, auxquels je fis ma visite, me reçurent avec distinction et sympathie, et m'assurèrent également qu'ils faisaient des vœux pour le succès de mon élection.

La presque généralité des étudiants en droit et en médecine, qui faisaient partie du 11ᵉ arrondissement, s'étaient tout d'abord prononcés en faveur de ma candidature.

Je voulus néanmoins me mettre en plus directe relation avec les électeurs.

Une réunion publique eut lieu ; plus de 2,000 citoyens en firent partie. J'y obtins un grand succès par l'expression nette et loyale de mes sentiments républicains.

Ma nomination paraissait si certaine que le pouvoir me faisant l'insigne honneur de redouter de me voir à la tête de la 11ᵉ légion, ajourna, en violation de la loi, à une époque indéterminée, le remplacement de M. Edgard Quinet.

Si je m'étais trouvé investi légalement du commandement de quinze mille citoyens de Paris, parmi lesquels figuraient plusieurs milliers d'étudiants, pleins d'ardeur, dévoués à la cause de la liberté, j'aurais pu, au jour du coup d'Etat, contribuer à la défense de la Constitution ou trouver une mort glorieuse, qui m'eût exempté des tourments et des persécutions que j'eus à subir après le triomphe de la conspiration bonapartiste !

Cette nouvelle déception m'affligea profondément, car la pensée que je n'allais plus occuper une position militante en face des ennemis de la République était poignante pour moi.

N'ayant plus aucune raison de résider à Paris, je me décidai à me retirer à Cherbourg, au sein de ma famille.

A peine y étais-je arrivé, que mes concitoyens vinrent, en attendant, me disaient-ils, qu'ils pussent m'offrir une candidature à la représentation nationale, me proposer celle de commandant de l'artillerie de la garde nationale.

J'acceptai avec reconnaissance, et sur 900 électeurs, le jour du scrutin, j'obtins toutes les voix moins quinze ; et je pris aussitôt le commandement de cette milice républicaine.

Peu après, des amis politiques me proposèrent la fondation d'un journal républicain. J'accueillis cette proposition avec empressement, et l'œuvre fut réalisée. Je devins le directeur du journal, qui parut sous le titre de la *République du peuple*. J'échangeai donc le sabre pour la plume. Le succès inattendu de notre journal lui valut bien vite l'attention de l'administration préfectorale et du parquet. La *République du peuple* était lue avec avidité dans tous les villages du département, et y faisait une propagande républicaine de bon augure pour le succès des candidats démocrates aux élections générales de 1852. Le parquet s'en émut et ses foudres ne tardèrent pas à être dirigées contre moi. Un véritable procès de tendance nous fut intenté. Mon gérant fut traduit en cour d'assises et eut à répondre, fait inique, sur sept chefs d'accusation, pour des articles qui avaient paru dans mon journal plusieurs mois auparavant.

Le gérant fut condamné à une année de prison, et le journal à une amende de 2,400 fr.

Comme il arrive presque toujours dans les œuvres de cette nature, le citoyen qui se met en avant paye de ses peines et de ses écus. C'est ce qui m'arriva. Après avoir travaillé jour et nuit, je dus prélever sur ma modique fortune une somme de plus de 10,000 fr., heureux encore d'avoir échappé à une peine corporelle. Le défaut de concours pécuniaire de la part des républicains du pays me força de suspendre la publication du journal.

Je profitai néanmoins de l'influence que j'avais acquise dans le département de la Manche pour mettre fin aux divisions qui existaient au sein du parti républicain, et qui avaient assuré le succès des treize candidats de la réaction aux élections du 13 mai 1849.

Je rédigeai dans ce but un manifeste qui obtint l'approbation et la signature de plus de trois mille républicains de toutes les nuances de cette opinion dans le département.

Une réunion de trente notables républicains eut lieu, à la demande expresse de M. Havin, dans son château de Thorigny, pour prendre connaissance, discuter, rejeter ou approuver mon manifeste. Après une longue et vive discussion, il fut adopté finalement, sans aucune modification, à l'unanimité. On comptait cependant dans cette réunion un ex-préfet et un ex-sous-préfet de l'administration du général Cavaignac, deux présidents de tribunaux de première instance, deux ex-représentants du peuple, et les avocats républicains les plus notables du département. Tous ces citoyens rendirent hommage à mon zèle patriotique, et approuvèrent mon plan d'organisation électorale et de résistance en cas de coup d'État. La fusion la plus complète et la plus sincère venait de s'opérer entre les bleus et les rouges, comme on disait alors : la phalange républicaine de la Basse-Normandie se serait présentée comme un seul homme au combat électoral de 1852.

Une occasion se présenta bientôt pour me signaler de nouveau à la haine du pouvoir. Vers la fin de l'année 1850, le Président de la République fit un voyage dans l'ouest de la France, et vint passer quelques jours à Cherbourg.

A son entrée, les rares cris de *Vive Napoléon!* proférés par quelques réactionnaires du lieu et par les policiers de l'escorte, furent constamment couverts par ceux de *Vive la République!* Le prétendant n'eut pas à se louer de la réception qui lui fut faite en plein soleil. Il en fut peut-être autrement dans les salons officiels; car les habitués de ces lieux sont les mêmes sous tous les régimes. Ils avaient adulé Napoléon I*er*, Louis XVIII, Charles X, Louis-Philippe, la République; pourquoi n'auraient-ils pas adulé l'homme qui s'annonçait comme un futur maître?

En ma qualité de commandant de l'artillerie de la garde nationale, j'avais été invité au banquet, aux bals et revues qui eurent lieu pendant le séjour du Président à Cherbourg. Pour être à même de remplir une mission que j'avais acceptée de la part de la presse démocratique de Paris (1), je me rendis à toutes ces invitations.

Un bal fut offert au Président dans un des vastes bâtiments de la marine. Naturellement, la gent officielle en composait en grande partie le personnel. Les réactionnaires de toute nuance avaient aussi brigué l'honneur d'y être admis. Quant aux rares fonctionnaires républicains, ils devaient, par prudence, se priver de toute manifestation légale et conforme à leurs opinions. Par ce motif, nous étions convenus

---

(1) Voir mes lettres au *National* touchant le voyage de Louis-Napoléon à Cherbourg.

entre démocrates de ne proférer aucun cri pendant la durée du bal, à moins, toutefois que nos adversaires ne fissent entendre les cris de *Vive Napoléon !*

La salle du bal était d'une longueur démesurée, eu égard à sa largeur, et la place réservée au Président de la République se trouvait à l'extrémité opposée à la porte d'entrée. En entrant au bal, il eut donc toute la longueur de la salle à parcourir pour arriver à sa place d'honneur.

Il fit son entrée processionnellement, mais parut désappointé de ce qu'aucune manifestation n'eût lieu au moment de son arrivée, ni pendant le temps qu'il mit à atteindre l'extrémité opposée de la salle.

Vers minuit, le Président fit le même parcours pour se retirer. Il était flanqué du préfet du département, du sous-préfet de Cherbourg, du payeur de cette ville, et de quelques autres fonctionnaires. Le même silence était observé par tous les invités. Cependant le cortége étant arrivé à la hauteur du milieu de la salle où je me trouvais, quelques cris de *Vive Napoléon !* se firent entendre. Je répondis d'une voix vibrante : *Vive la République !* J'étais à quelques mètres à peine du Président. Un petit nombre de républicains me firent écho et répétèrent mon vivat.

Là-dessus, MM. de Charnisé, sous-préfet, et Lemaître, receveur, élevant leurs chapeaux vers moi, et prenant un ton provocateur, répétèrent : *Vive Napo-*

léon! Eh bien ! répétai-je d'une voix de stentor : *Vive la République !* c'est elle qui vous paye !

A ce moment j'entendis une personne dire derrière moi : « Ces sorties sont inconvenantes dans un bal. » Ne pouvant connaître l'auteur de cette impertinence, je jetai un de mes gants par terre, en disant à haute voix : « J'ai quelquefois donné dans ma vie des le-
« çons de convenance, et je n'en ai jamais reçu de
« personne. On me trouvera, rue Christine, n° 11,
« aujourd'hui, jusqu'à onze heures du matin. Passé
« cette heure, je serai à ma maison de campagne, la
« Pierre-Buttée. » Je n'ai reçu la visite de personne.

Quelques jours après la tournée que le Président de la République était venu faire à Cherbourg, l'artillerie de la garde nationale de cette place importante était dissoute par un décret qui n'articulait aucun motif pour justifier cette mesure. Si le pouvoir eût apporté quelque habitude de franchise dans ses actes, il eût avoué que le vrai motif de la dissolution était qu'on ne voulait à aucun prix me laisser à la tête de citoyens armés, et surtout de ceux qui avaient constamment accueilli aux cris de : *Vive la République !* Louis-Napoléon pendant son séjour à Cherbourg.

Je ne m'étendrai pas sur le tableau des intrigues du Président et des fautes de l'Assemblée, qui rendirent de plus en plus imminent le succès de la conspiration bonapartiste. On sait la part de responsabilité qui incombe dans ces tristes conjonctures aux hommes de la rue de Poitiers, légitimistes et orléanistes, complices aveugles de Louis-Napoléon, qui ne devaient connaître leur erreur qu'au moment où les argousins de Maupas les jetaient dans les voitures cellulaires! Je passerai donc rapidement sur ces préliminaires du 2 décembre. D'autres ont fait cette lamentable histoire de l'agonie de la République. Je me bornerai à dire quelques mots des projets de défense que me suggérait la vue des dangers de notre cause. La conspiration de Louis-Napoléon est patente, me disais-je, et puisque la majorité n'ose ou ne veut la réprimer, la minorité républicaine n'a-t-elle donc aucune mesure à prendre, sans sortir de la légalité, pour conjurer l'orage près de fondre sur la République?

Les dispositions de la population parisienne étaient bien évidemment pour la défense de la constitution républicaine; mais la Montagne ne pouvait ignorer que, depuis les fatales journées de juin, le parti démocratique parisien, décimé, désarmé, privé de ses chefs les plus énergiques, serait probablement impuissant à résister en face d'un coup d'État militaire disposant d'une force brutale formidable.

Si donc on doutait que cette résistance pût être efficace à Paris, n'était-il pas urgent de l'organiser en province où les éléments existaient, comme la suite l'a démontré, puisque la nouvelle de la violation de la Constitution souleva plus de cent mille citoyens?

Que manqua-t-il à ces braves républicains pour résister aux soldats qu'on leur opposa? Une organisation qui eût donné de la solidité à leurs bandes novices, et des chefs capables de leur inspirer ardeur et confiance.

J'avais formé, en prévision des événements, un plan qui, par des causes indépendantes de ma volonté, ne put être mis à exécution. J'aurais voulu qu'il se constituàt un comité composé de cinq représentants, les plus énergiques et les plus populaires de l'opposition républicaine; ce comité aurait fait choix de cinq ou six points de résistance dans toute l'étendue de la France. Par exemple, Marseille, Toulouse, Valence, Bourges, Nancy, Rennes, etc. Ce choix n'étant connu que des cinq membres du comité, pouvait être tenu secret jusqu'au jour où le coup d'État eût rendu la lutte nécessaire. Le comité aurait assigné trois représentants du peuple à chaque point de résistance : ces représentants, de leur côté, auraient fait choix de chefs militaires capables par leurs opinions républicaines bien connues, leur énergie, leur expérience et leur popularité, d'inspirer aux démocrates une entière confiance, d'organiser promptement leurs bataillons, et de tirer parti de leur courage pour combattre les violateurs de la Constitution.

Pour éviter toute surprise, un des trois représentants assignés à chaque point de résistance, à tour de rôle, se serait tenu constamment à petite distance de ce point, pour être prêt à l'action.

Toutes ces dispositions, pour arriver à l'organisation d'une résistance efficace, auraient pu être tenues secrètes. D'ailleurs, eussent-elles été connues qu'elles ne pouvaient être considérées comme répréhensibles, puisque l'article 110 de la Constitution établissait péremptoirement leur légalité.

N'ai-je pas le droit, après avoir lu les ouvrages de M. Ténot, de constater que, si la résistance républicaine si bien inaugurée sur plusieurs points de la France par l'élan populaire a dû céder devant la troupe, cela a tenu uniquement au manque de chefs expérimentés ?

Ce que je dis aujourd'hui, je le prévoyais en temps opportun. C'est à l'imprévoyance des républicains qu'il faut attribuer en partie le désastre de la cause du droit et de la liberté.

Que de malheurs eussent pu être évités ! Que de victimes innocentes des fureurs bonapartistes eussent échappé aux proscriptions, si le plan que je proposais ou tout autre analogue eût été accepté et mis à exécution !

4.

CHAPITRE QUATRIÈME

IV

Mon installation dans le pavillon nord de ma propriété. — La nouvelle de la perpétration du coup d'Etat me parvient le 4 décembre. — Mes préparatifs de résistance. — Dispositions des habitants de Cherbourg. — Ordre de mon arrestation venu de Paris. — Détermination de me défendre. — Mon arrestation ajournée. — Craintes des autorités. — Je suis arrêté sur une grand'route. — Mon entrée dans la prison de Cherbourg. — Mandat d'arrêt ne portant aucune signature. — Envahissement de ma maison de campagne par une troupe de gendarmes. — Conduite ridicule et arbitraire du lieutenant de gendarmerie. — Bouleversement de toutes les parties de ma maison. — Enlèvement de mes armes, de tableaux, gravures et livres. — Anecdote grotesque du caveau. — Mon cachot. — Rigueurs exercées à mon égard. — Dévouement de Guillaume. — Avantages que j'en ai retirés dans ma prison.

Depuis le jour où j'étais rentré dans ma famille, j'habitais ma maison de campagne, appelée la Pierre-Buttée, à cinq kilomètres de Cherbourg. La direction de mon journal, qui m'imposait souvent des occupations de nuit chez mon imprimeur, ne me permettait de me retirer chez moi qu'à des heures très-avancées de la nuit. Pour ne pas m'exposer à troubler le sommeil des miens, j'avais obtenu de ma femme, de mon gendre et de ma fille, qu'ils prissent leurs chambres à coucher dans le pavillon du sud, et je m'étais installé dans celui du nord. De cette manière, je pouvais entrer et sortir sans craindre de troubler leur repos.

Ce détail est indispensable pour l'intelligence de ce que je vais raconter.

Le 4 décembre 1851, mon gendre me réveilla, à quatre heures du matin. Il me dit, fort ému, que la malle-poste de Paris venait de passer devant la propriété, et que le conducteur avait annoncé publiquement que le coup d'État avait été consommé le 2 décembre.

Cette nouvelle ne me surprenait pas ; je m'y attendais depuis longtemps ; mais elle ne fit pas moins bouillonner l'indignation dans mon cœur. Je sentis tout d'abord que tous les bons patriotes avaient un devoir à remplir en présence d'un crime aussi audacieux, et pour mon compte j'étais bien déterminé à jouer ma tête pour ne pas faillir à ce devoir.

Sauter à bas du lit, m'habiller, fut l'affaire de quelques minutes : je me rendis précipitamment à Cherbourg. On s'entretenait de l'événement, mais c'était tout.

Je m'aperçus bientôt que la police ne me perdait pas de vue.

Je rencontrai plusieurs bons républicains, animés des meilleurs sentiments ; mais tous, persuadés que Paris opposerait une énergique résistance au coup d'Etat, attendaient comme d'habitude le salut de la France des Parisiens. Quand je les engageai à prendre les armes, offrant de me placer à leur tête, tous me répondaient qu'ils ne le feraient qu'au cas où les malles-poste interceptées entre Paris et Cherbourg nous permettraient de supposer que la résistance s'organisait dans les départements voisins.

La population cherbourgeoise, la classe ouvrière surtout, était essentiellement républicaine ; ses divers votes l'ont démontré surabondamment ; mais son tempérament froid, les intérêts qui la font étroitement dépendre du gouvernement, la disposaient mal à prendre l'initiative d'un mouvement insurrectionnel, même légal. Je n'en suis pas moins persuadé qu'un signal, venu de la capitale, aurait suffi pour faire prendre les armes à Cherbourg à plus de deux mille hommes, capables de lutter avec succès.

Je parcourus les divers quartiers de la ville. Partout je réveillai de vigoureuses sympathies ; mais nulle part, je ne pus déterminer mes amis politiques à un mouvement immédiat.

L'inaction forcée à laquelle je me voyais, bien à regret, condamné m'affligeait profondément ; je regrettais plus que jamais de n'avoir pas suivi mes premières inspirations, et de n'avoir pas été attendre le fatal événement dans quelque village de la Nièvre. C'est l'amour de la famille qui me fit commettre cette faute. Je le dis hautement, et les nombreux Nivernais avec lesquels j'ai mangé le pain amer de la transportation en Afrique me l'ont bien souvent dit, ma place était dans le département de la Nièvre.

A la tête des milliers de citoyens de ce pays qui se levèrent spontanément à la première nouvelle du coup d'État, j'aurais pu organiser un centre sérieux de résistance, ou, en tous cas, combattre et mourir comme il convenait à un soldat républicain!

Mais n'insistons pas sur ces vains regrets.

Ce même jour, vers midi, plusieurs de mes amis de Cherbourg, entre autres M. Lemelle, architecte, m'engagèrent instamment à remonter sans tarder à ma maison de campagne, attendu, me dirent-ils, qu'ils savaient pertinemment que l'ordre de m'arrêter était venu de Paris, en même temps que la nouvelle du coup d'État.

Ne connaissant pas encore alors l'arrestation à Paris des généraux Cavaignac, Changarnier, Lamoricière, Bedeau, Leflô, du colonel Charras, des représentants du peuple et autres citoyens incarcérés au mépris de la loi dans la nuit du 2 décembre, je ne partageais pas la crainte de mes amis et je m'obstinais à vouloir rester à Cherbourg pour être prêt à tout événement.

Je ne consentis à me retirer à la Pierre-Buttée qu'après avoir eu une preuve irréfragable de l'existence de cet ordre d'arrestation. Il fut toutefois convenu entre mes amis et moi que, chaque nuit, je recevrais la visite de quelques-uns d'entre eux pour me tenir au courant des dispositions des habitants de Cherbourg.

Rentré chez moi, je pris toutes les dispositions pour me défendre dans le pavillon du Nord, dont j'ai parlé plus haut, dans le cas où l'on tenterait de venir m'y arrêter. Je chargeai toutes mes armes ; j'avais vingt coups de feu à tirer sans recharger, et, pour éviter toute surprise, je me barricadai soigneusement.

Je n'ai jamais cru qu'il se fût glissé parmi mes domestiques des gens vendus à la police ; cependant il a bien fallu que des indiscrétions eussent été commises par quelqu'un d'entre eux, puisque l'autorité fut tout aussitôt instruite de mes dispositions. Ce qui m'en donna l'assurance, c'est que j'appris le lendemain que la gendarmerie, ayant reçu l'ordre formel de procéder à mon arrestation immédiate, déclara qu'elle ne se croyait pas assez en force pour tenter de le faire. Elle savait pertinemment que j'étais bien résolu à me défendre, qu'il y avait à mon domicile tout un petit arsenal. D'ailleurs, la popularité dont je jouissais parmi les ouvriers du pays était assez grande pour qu'on pût redouter qu'une attaque à main armée contre ma maison ne fût le signal d'un mouvement insurrectionnel.

Craignant de donner ainsi naissance à Cherbourg à une agitation qui n'existait pas, l'autorité supérieure décida, dans sa sagesse, que mon arrestation serait ajournée. Informé, comme je l'étais, des projets du pouvoir à mon égard, je ne sortais de chez moi que pendant la nuit, et encore ne le faisais-je qu'en prenant mille précautions, et de manière à dépister la police, qui avait reçu des ordres de surveiller mes moindres démarches.

Dix jours se passèrent, tristes mais calmes, depuis le 4 décembre, à Cherbourg et sur tous les points de la Basse-Normandie. Le lion parisien était muselé. Les soldats enivrés du Prince-Président (car ils n'étaient plus, ceux-là, les soldats de la France), après avoir massacré des citoyens sans défense, assassiné des femmes et des enfants, avoir ensanglanté les rues de Paris, s'être souillés d'un affreux mélange de vin, de sang et de boue, étaient les maîtres absolus de la capitale.

Vers le 12 décembre, des parents, que certes je n'accuse pas de perfidie, bien qu'ils ne fussent pas mes coréligionnaires politiques, m'assurèrent tenir de bonne part que l'autorité, vu la tranquillité parfaite dont jouissait le pays, avait complétement renoncé au projet de mon arrestation. Par ce motif, ils m'engagèrent à reprendre, sans crainte, ma vie ordinaire et à sortir en toute sécurité. Ces renseignements me parurent vraisemblables, et je suivis le conseil qui m'était donné.

J'avais l'habitude de faire une promenade à cheval ou à pied, chaque jour, après mon déjeuner, dans un rayon de deux à quatre kilomètres de mon habitation.

Le 16 décembre, vers onze heures et demie du matin, par un assez beau temps, je fis ma promenade à pied, suivi de mon chien et ayant à la main une canne en jonc d'un centimètre et demi de diamètre. Arrivé, en suivant la grand'route de Cherbourg à Valognes, à environ deux kilomètres de ma propriété, je me trouvai tout à coup en face d'un peloton de gendarmes à cheval. Ce rassemblement de gendarmes me parut assez étrange; toutefois, je me l'expliquais par une revue probable que ces militaires revenaient sans doute de passer, quand, en un clin d'œil, je me trouvai entouré par eux. Ils m'abordèrent très-respectueusement. Le maréchal des logis, visiblement ému, me demanda, chapeau bas, des nouvelles de ma santé, puis m'annonça qu'il était chargé de me prévenir que j'étais mandé chez le sous-préfet. — Je lui répondis que si ce fonctionnaire avait des communications à me faire, il pouvait très-bien m'écrire.

Le maréchal des logis, tirant alors de sa poche un papier, fit signe à ses hommes de mettre pied à terre, et me dit, les larmes aux yeux, qu'il avait l'ordre de m'arrêter. A ces paroles, l'indignation me saisit. J'aurais voulu résister, me défendre à outrance, et mourir plutôt que de me rendre; mais que pouvais-je faire? J'étais absolument désarmé.

J'essayai de faire un appel aux sentiments d'honneur des gendarmes, et ces malheureux, fort embarrassés, balbutiaient, pour s'excuser, qu'ils étaient des pères de famille !

« — Raison de plus, m'écriai-je, pour ne pas transmettre à vos enfants le souvenir d'une mauvaise action ! »

Cependant le maréchal des logis me remit le mandat d'arrêt lancé contre moi. Je n'en lus que les premières lignes, et je ne m'aperçus pas que cette pièce était tout à fait irrégulière.

« — Pourquoi, repris-je, m'arrêtez-vous sur une grande route, comme un malfaiteur, comme un voleur? Pourquoi n'êtes-vous pas venus me porter chez moi ce mandat? » — « Colonel! s'écria l'un des gendarmes, nous nous en serions bien gardés, car nous savions qu'il n'y faisait pas bon. »

Le maréchal des logis insista alors, avec politesse, je dois le dire, pour me prier de m'acheminer à mon aise vers ma propriété, c'est-à-dire vers Cherbourg. Il ajouta que sa troupe et lui me suivraient à une distance de cinquante pas.

Ne pouvant prendre un autre parti raisonnable, je me résignai.

Nous nous arrêtâmes un instant dans ma propriété. Mon gendre, averti, fit seller deux chevaux. J'en montai un; il monta l'autre, et obtint des gendarmes de venir m'accompagner jusqu'à la prison de Cherbourg, vers laquelle nous nous acheminâmes.

Pendant ce triste trajet dans la ville, il n'y eut

aucune manifestation bruyante; mais les citoyens, placés sur notre passage, se découvraient pour la plupart.

Entré dans la geôle et resté seul en attendant qu'on eût fait choix du cachot qui m'était réservé, je profitai d'un peu de calme pour relire le mandat d'arrêt lancé contre moi. Pour l'édification du lecteur, je le transcris ici littéralement.

« Le sous-préfet intérimaire de Cherbourg, conseiller de pré-
« fecture délégué,
« En vertu des pouvoirs qui lui sont conférés, considérant qu'il
« résulte de renseignements dignes de foi que le sieur Mouton,
« lieutenant-colonel d'infanterie en retraite, se livre soit person-
« nellement, soit au moyen d'émissaires qui se réunissent à cet
« effet à son domicile à diverses heures du jour ou de la nuit, à
« une propagande anarchique très-active,
« Requiert M. le commandant de la gendarmerie de faire arrê-
« ter partout où il sera trouvé, soit à son domicile, soit ailleurs, à
« toute heure du jour ou de la nuit, ledit Mouton; 2° de le faire
« conduire et écrouer à la maison d'arrêt de Cherbourg pour y
« être mis à la disposition de M. le Préfet de la Manche; 3° de
« faire opérer au domicile dudit Mouton, soit en ville, soit à la
« campagne, les perquisitions nécessaires.
« Fait à Cherbourg, le 16 décembre 1851.
« Le sous-préfet intérimaire, conseiller de préfecture délé-
« gué. »

Il est à peine besoin de faire remarquer au lecteur avec quelle impudence l'auteur de ce mandat créait

un délit qui n'existe dans le Code pénal d'aucune nation, pour attenter à la liberté individuelle d'un citoyen ! Ma propagande anarchique, c'était ma légitime action en faveur du droit et de la loi ! Il faut, du reste, que ce conseiller, nommé Jules Astier, faisant fonctions de sous-préfet, ait eu le sentiment du méfait qu'il commettait, puisque le mandat d'arrêt qui me fut remis par le maréchal des logis de gendarmerie ne portait ni sa signature, ni aucune autre. Dès que je m'en aperçus : — « Concierge ! m'écriai-je, ou-
« vrez-moi la porte, ou je vous rends responsable de
« mon arrestation doublement illégale; ce mandat
« n'est pas signé ! » Ce pauvre hère fut visiblement ahuri. Il me prit des mains le mandat, et ordonna tout aussitôt à sa femme d'aller le faire signer. M. Jules Astier, préoccupé sans doute du lendemain, avait cru prudent de se retrancher derrière l'anonyme. Mais mis au pied du mur, et sous l'influence de la feuille d'émargement, ce plat valet consentit, en tremblant sans doute, à poser sa signature au bas d'une pièce au moyen de laquelle on attentait arbitrairement à la liberté d'un citoyen légalement exempt de tout reproche.

En me voyant arrêté, tous les miens s'étaient hâtés de se rendre à Cherbourg pour tenter de me faire parvenir les objets les plus indispensables à mes besoins. Ma fille, jeune femme alors âgée de vingt ans, enceinte de plusieurs mois, était restée seule dans ma maison de campagne, en proie à de trop naturelles angoisses. Tout à coup, vers dix heures du soir, la propriété est entourée par une troupe de gendarmes à cheval et à pied. Un lieutenant, dont j'ignore encore le nom, mais que je finirai bien par connaître, les commandait. Il pénètre par une porte qui conduit de la cour de la ferme à la maison de campagne. C'était un petit homme au physique et au moral. Il avait revêtu son uniforme de grande tenue : bottes à l'écuyère, longs éperons, grand sabre au côté, pistolets d'arçon chargés dans chaque main. Il ne s'attendait pas à voir cette porte défendue ; mais mon fidèle Fox, un terre-neuve de forte taille, l'accueille par de formidables aboiements et fait mine de se jeter sur lui. Le piètre officier recule épouvanté, et apercevant une grande et belle fille de la ferme, âgée tout au plus de dix-huit ans, il se réfugie derrière ses cotillons, et, la couchant en joue de ses deux pistolets, lui crie brutalement : « — Retiens ton chien, ou je te brûle la cer« velle ! » La brave fille, quoique justement effrayée (on l'aurait été à moins), lui répondit d'un air narquois, dans son patois bas-normand : « Quest-ché ! un « messieu comme vous, avec d'grandes bottes, un « grand sabre et des pistolets, avoir peur d'un que« not (*chien*) ! » — « Tais-toi ou je te tue ! » cria le vaillant guerrier.

Attiré par le bruit, Jacques, le garçon d'écurie,

fiancé de Marie, parut tout à coup, Indigné en voyant menacer les jours de la fille qu'il aimait :

« Ah! vraiment, dit-il, menacer ainsi que vous faites une pauvre jeunesse, c'est pas chose digne d'un officier français! « — Tais-toi ! insolent, et emmène tout de suite ton chien ! » — « Je l'emmènerai quand tu me parleras plus poliment. » — « Comment tu as l'audace de me tutoyer, manant que tu es ? » — « Tu me tutoies bien, toi, et je ne fais que t'imiter. » — « Ah ! voilà bien les principes qu'enseigne le colonel Mouton. » — « Les principes du colonel Mouton m'ont appris à me faire dire droit, quand j'en ai. »

Le gendarme, voyant qu'il avait affaire à bonne partie, se radoucit, et finit par demander poliment au garçon d'écurie de retenir le chien. Fox fut emmené.

Le piteux héros passa donc, suivi de quelques gendarmes, qui venaient de le rejoindre.

La bande se rua chez moi avec une brutalité cynique. Ma pauvre fille, à demi morte de frayeur, se réfugia dans sa chambre à coucher. La perquisition commença.

Sur ces entrefaites, mon gendre, informé en ville de ce qui se passait, était accouru au galop. Qu'on juge de sa stupéfaction lorsque, en entrant dans la salle à manger, il vit ce tableau grotesque, l'officier de gendarmerie ouvrant lui-même une collection de pots de confiture placés sur le buffet, sous le plaisant prétexte de s'assurer si ces pots ne contenaient ni poudre, ni correspondances anarchiques !

Les gendarmes eux-mêmes ne savaient trop quelle contenance garder en voyant à l'œuvre ce fureteur de confitures. Et dire qu'un aussi ridicule personnage appartenait au corps des officiers de l'armée française !

Mon gendre lui fit remarquer qu'il commettait une double illégalité, en procédant à une perquisition dans le domicile du colonel Mouton, en son absence, et en celle du commissaire de police.

Le maréchal des logis dut intervenir, pour faire comprendre, non sans peine, à son lieutenant aussi ignorant que ridicule, la nécessité de la présence du maire du village, à défaut de commissaire de police.

La perquisition suspendue fut reprise à minuit, à l'arrivée du maire.

Mon habitation et celle de mes enfants furent fouillées, bouleversées en tous sens. Rien ne fut respecté : des tableaux furent jetés à terre et lacérés ; des livres, des gravures, des dessins, plusieurs armes qui me rappelaient divers épisodes de ma carrière militaire, furent enlevés de chez moi et déposés au greffe de Cherbourg. J'ai vainement réclamé depuis à toutes les autorités compétentes pour obtenir la restitution de tous ces objets. J'ai d'ailleurs appris plus tard qu'un commissaire de police les avait retirés du greffe et se les était appropriés. Superbe échantillon de la moralité de ces partisans exclusifs de la propriété et de la famille !

J'allais oublier de dire que le lieutenant de gendarmerie, brûlant d'un si beau zèle, voulait enlever de chez moi un sabre d'honneur que je tiens de mes soldats. Le maréchal des logis, qui avait certains des sentiments d'honneur militaire dont son supérieur était tout à fait dépourvu, réussit, à force d'instances, à le faire renoncer à ce dessein.

Un dernier détail avant d'en finir avec les exploits de cet intrépide décembriseur.

Après avoir fouillé de fond en comble toutes les parties de ma maison de campagne, le zélé gendarme demanda à mon gendre de le conduire à un caveau souterrain qui se trouvait sous un monticule du jardin anglais.

« Je ne suis pas tenu de vous y conduire, dit mon gendre ; mais j'irai parce que j'ai intérêt à vous suivre. Voilà les clefs du caveau. »

Arrivé devant la porte dudit caveau, qui ne contenait que du vin blanc, mon gendre se permit de mystifier assez agréablement le brutal poltron. L'esprit français ne perd jamais ses droits, même aux plus tristes moments. « Monsieur, lui dit-il gravement, comme je ne saurais assumer sur moi la responsabilité des malheurs qui pourraient survenir, je vous préviens qu'une explosion pourrait être à redouter si on ouvrait la porte par les moyens ordinaires, je crois que la serrure est à secret et que mon beau-père seul connaît ce secret. »

Cette révélation fit pâlir l'officier. Il jugea prudent de battre en retraite avec sa troupe.

C'est ainsi que la vaillance de ce brave de décembre échoua devant mes futailles de vin blanc !

Pendant qu'on saccageait arbitrairement ma maison de campagne et ma maison de Cherbourg, on m'assignait pour demeure dans la maison d'arrêt un cachot humide et sombre ; et si un parent ne m'avait fait parvenir un caban, j'aurais pu, avec mes vêtements ordinaires, mourir de froid pendant la première nuit.

Pourquoi tant de rigueurs et de sévices à l'égard d'un citoyen qu'on savait innocent de tous crimes ou délits ? La haine politique ne les explique même pas. Le véritable et honteux motif des persécutions exercées contre moi, c'est tout simplement qu'on espérait me déterminer à faire amende honorable ; on croyait me réduire au point de demander une place dans cette bande impure d'égoïstes, de fripons et de traîtres qui se faisaient une proie de la France.

Ce qui m'a démontré d'une manière irréfragable la vérité de ce que j'avance, c'est que, dès le lendemain de mon incarcération, le concierge et sa femme me disaient qu'ils avaient entendu répéter plusieurs fois chez le procureur de la République, que, si je consentais, par écrit, à déclarer que je me ralliais franchement au gouvernement de Louis Bonaparte, je serais mis sur-le-champ en liberté. Ils m'ont répété bien des fois les mêmes propos. Mes parents ont été aussi bien souvent engagés à me donner les mêmes conseils.

J'ai couché dans dix-sept prisons différentes avant d'être jeté sur la terre d'Afrique, et presque partout les mêmes insinuations m'ont été faites.

On se trompait d'adresse. Et la façon dont j'ai repoussé ces avances a dû montrer à ceux qu'on chargeait de me les faire, dans quelle erreur ils tombaient en me jugeant capable des lâchetés qu'ils avaient commises eux-mêmes ou qu'ils étaient disposés à commettre au premier intérêt.

Mon cachot de Cherbourg ne recevait qu'un faible jour par une lucarne d'environ cinquante centimètres de longueur sur cinq centimètres de largeur. Il m'était interdit d'avoir aucune lumière pendant la nuit ; et ces nuits étaient bien longues dans un semblable séjour ! Pour tout mobilier, je n'avais qu'un banc boiteux et une mauvaise paillasse sur laquelle j'obtins, après bien des démarches faites par ma famille, de placer un matelas.

L'humidité était telle dans ce bouge, que bien des fois je me suis lavé les mains en recueillant l'eau qui suintait le long des murs. Une seule chose atténuait un peu mes souffrances. Le cachot était assez spacieux pour que, dans le jour, je pusse me promener de long en large et battre la semelle pour lutter contre le froid qui m'accablait. Les salles d'un cachot humide sont bien froides en décembre dans la basse Normandie ! Si à toutes ces rigueurs, on ajoute l'interdiction de communiquer avec aucune personne de ma famille, ni avec aucun ami, on pourra se rendre compte d'une partie des mauvais traitements que le Président faisait subir illégalement à un républicain coupable d'avoir voulu obéir à la loi.

Ce Président était pourtant le même Louis Bonaparte qui, pour son attentat de Boulogne, avait été traduit devant la cour des Pairs, et condamné par elle bien légalement à la prison perpétuelle ; le même qui, au château de Ham, avait eu pour *cachot* (comme on disait pour apitoyer les masses sur cet intéressant martyr), un appartement complet, meublé somptueusement, appartement où logeait toute sa valetaille, son médecin, où pénétraient librement ses partisans, ses maîtresses même, où on lui accordait le privilége de faire chaque jour une promenade à cheval !

J'entends d'ici certaines gens me taxer d'outrecuidance, parce que j'ai l'audace de penser qu'un lieutenant-colonel innocent méritait au moins les mêmes égards qu'un Prince coupable.

Eh ! bonnes gens ! sans parler de l'égalité devant la loi conquise par nos pères de 1789, laissez-moi vous dire qu'un prince n'a qu'à se donner la peine de naître pour en acquérir le titre, tandis qu'un simple soldat ne devient lieutenant-colonel qu'au prix de bons et loyaux services. J'ai connu plus d'un prince dans ma carrière, qui, s'il avait dû être classé selon son mérite militaire, n'eût jamais conquis l'épaulette !

Mais revenons à mon cachot.

Je ne voyais dans ce souterrain qu'un porte-clefs de la prison, chargé de m'apporter mes aliments et d'enlever certain baquet ignoble dont on devine l'usage. Ce porte-clefs, nommé Guillaume, était un contre-bandier condamné à six mois de prison.

Un jour, ce garçon m'offrit ses services pour faire remettre secrètement mes lettres à ma famille, et pour me faire parvenir celles qu'on pourrait m'écrire. Certes, l'offre était tentante ; mais connaissant le système d'espionnage usité dans les prisons, je ne crus pas devoir l'accepter de prime abord.

Guillaume, visiblement blessé de mes hésitations, me dit que chaque fois qu'il sortait de la prison pour aller puiser de l'eau potable sur la place de la fontaine pour la famille du concierge, plusieurs citoyens de la ville, entre autres le citoyen Lelong, négociant, son cousin germain, lui demandaient de mes nouvelles.
— « Puisque M. Lelong est votre parent, priez-le donc, lui dis-je, de vous donner un mot d'écrit pour moi ; son souvenir me sera bien cher, car il est un de mes bons amis. »

M. Lelong était, en effet, un républicain sûr et intelligent en qui je pouvais mettre toute ma confiance.

Guillaume comprit parfaitement que je désirais une garantie avant de lui confier mes secrets, et il me l'apporta le jour même, en me remettant une petite lettre écrite au crayon par mon ami Lelong, dans laquelle ce zélé et dévoué citoyen me déclarait de la manière la plus explicite que je pouvais en tout et pour tout me fier à la délicatesse et à la discrétion de son cousin Guillaume.

Ce fut la première consolation que je reçus dans la solitude de mon cachot. Par l'intermédiaire de Guillaume, je donnais journellement de mes nouvelles aux miens et à quelques amis; je recevais les leurs, quelques journaux, et parfois des lueurs d'espérance, en apprenant que le midi de la France s'insurgeait pour la République.

Il faut avoir été comme moi condamné au mutisme dans un cachot obscur, pour apprécier l'importance du service que le bon Guillaume me rendait. Combien je désire me trouver un jour en position de pouvoir lui payer ma dette de reconnaissance !

Sans le dévouement de ce brave Guillaume, les rigueurs qu'exerçait à mon égard le concierge, ivrogne par habitude, et brute par nature, eussent fait de mon cachot un véritable tombeau.

Ma nourriture m'était envoyée deux fois par jour par ma famille. Le zélé geôlier s'arrogeait le droit de vérifier les comestibles qui m'étaient destinés; ils restaient souvent plus d'une heure déposés à la geôle, avant qu'il lui plût de couper par petits morceaux le pain, les viandes et les légumes et de tout remuer en tous sens pour s'assurer qu'aucun écrit ne me parvenait. On comprend facilement que, par suite de ces manipulations dégoûtantes, mes aliments me parvenaient toujours froids et souvent nauséabonds.

Par dégoût, autant que par l'état de souffrance qui me rongeait, je n'y touchais presque pas, et, par l'entremise de mon zélé Guillaume, je partageais journellement ce qu'il y avait de présentable avec une dame Quentin, détenue dans la même prison que moi, pour avoir manifesté ses opinions républicaines, sous la République, ou plutôt parce qu'elle était la mère d'un républicain intelligent, dévoué et capable, qui eut, ainsi que moi, l'honneur de la transportation en Afrique.

Plusieurs autres citoyens avaient aussi été arrêtés à Cherbourg pour cause de républicanisme ; mais il ne m'a jamais été possible de communiquer avec eux, de les connaître, ni d'en savoir les noms.

CHAPITRE CINQUIÈME

V

Le Préfet de la Manche, M. de Tanlay, récompensé pour m'avoir fait arrêter. — M. Jourdain le remplace. — Ma lettre à ce dernier. — Il donne sa démission. — Mes deux lettres à M. Fossé, procureur impérial, restées sans réponse. — Première lettre au sous-préfet de Cherbourg, restée aussi sans réponse. — Seconde lettre à ce fonctionnaire, cette fois honorée d'une réponse. — Seconde lettre au Préfet de la Manche. — Son silence. — Mes lettres à ces différents fonctionnaires, mes protestations, mon langage comminatoire leur donnent de pénibles préoccupations. — On m'accuse de divers délits. — Mon interrogatoire. — Appel aux sentiments d'honneur de mes juges. — Je suis demandé à la geôle. — Démarche bienveillante de M. Vielle, greffier. — Il m'annonce que la Chambre du conseil a rendu une ordonnance de non-lieu à mon égard et que je suis libre. — On me communique une lettre du sous-préfet, qui ordonne de me retenir prisonnier. — Refus de me remettre cette lettre. — Explosion de mon indignation.

Lors de la perpétration du coup d'État du 2 décembre 1851, le département de la Manche avait pour préfet M. de Tanlay. C'est donc ce fonctionnaire qui fut chargé de mettre à exécution l'ordre de mon arrestation, venu de Paris. C'est sans doute pour ce haut fait qu'il obtint, peu de jours après, la préfecture du Pas-de-Calais ; car, évidemment, ce n'était pas en récompense de ses talents administratifs, dont personne ne se doutait. Il fut remplacé par un M. Jourdain. Qu'avait fait ce dernier pour la cause bonapartiste? Je l'ignore. Ce devait pourtant être un honnête homme, car il ne tarda pas à se séparer du nouveau pouvoir.

Dès les premiers jours de ma détention, indigné, comme je devais l'être, des rigueurs que je subissais si arbitrairement, je m'adressai au préfet du département, puisque le mandat extra-légal en vertu duquel j'étais privé de ma liberté émanait d'un sous-préfet agissant, y était-il dit, par ordre du préfet.

Je m'exprimais en ces termes :

« Cherbourg, le 17 décembre 1851.

« Monsieur le Préfet,

« Contrairement aux lois, en vertu d'un mandat d'arrêt lancé par le sous-préfet de Cherbourg agissant d'après vos ordres, j'ai été arrêté sur une grande route et écroué à la maison d'arrêt de cette ville, où je subis, depuis le 16 de ce mois, une détention arbitraire.

« Je proteste de toute la force de mon énergie contre une illégalité aussi inouïe, et, puisqu'elle a eu lieu par votre ordre, je vous en rends responsable.

« La cause du droit est impérissable. Aujourd'hui compromise par la violation de la Constitution, elle renaîtra un jour plus forte que jamais par la volonté du peuple. Alors chacun aura un compte à rendre de ses actes, et il en est que le Code pénal en vigueur punit très-sévèrement.

« Dès aujourd'hui, du fond de mon cachot, je vous déclare que, lorsque la justice aura repris ses droits, je suis bien résolu à poursuivre devant les tribunaux du pays les auteurs des prévarications qui n'ont pas plus respecté ma personne que mes propriétés.

« Dussé-je vendre jusqu'à ma dernière chemise pour obtenir la réparation des illégalités commises à mon égard, je le ferai sans regret.

« Pendant que j'étais déjà sous les verrous, un lieutenant de gendarmerie n'a pas craint de déshonorer ses épaulettes en allant, nuitamment et hors de ma présence, avec un peloton de gendarmes, envahir ma maison de campagne, tout bouleverser, m'enlever des livres, des gravures et des tableaux. Cet énergumène a poussé l'audace et la turpitude jusqu'à mettre au nombre des armes qui m'ont été dérobées le sabre avec lequel j'ai servi mon pays, l'ordre et la liberté.

« Ce n'est qu'à l'intervention louable du maréchal de logis de gendarmerie que je dois que la poignée de ce sabre n'ait pas été souillée.

« Tous ces faits sont de la plus rigoureuse véracité; je crois qu'il m'aura suffi de les porter à votre connaissance et de faire un appel à vos sentiments d'équité et d'honneur, pour que vous ordonniez que je sois rendu immédiatement à la liberté.

« Mouton. »

Il ne fut fait aucune réponse à cette lettre.

Vers la fin du mois de janvier 1852, le préfet Jourdain donna sa démission; et quelques indiscrétions commises à la préfecture laissèrent croire que la lettre ci-dessus, et surtout le décret du 22 janvier, relatif à la confiscation des biens de la famille d'Orléans, furent les causes de cette démission.

Le même jour j'adressai la lettre qu'on va lire au procureur de la République de Cherbourg, M. Fossé.

Il avait toujours existé entre lui et moi des rapports agréables. Il ne m'aurait jamais rencontré, soit en ville, soit dans une société, sans venir m'offrir une bonne poignée de main. Notre connaissance datait de vingt-quatre ans. Nous étions, en un mot, en d'excellents rapports, sinon d'amitié intime, du moins de convenances sociales. Je croyais avoir son estime, comme je lui accordais la mienne. On verra plus tard, dans le cours de ce récit, où peuvent conduire l'absence de courage civique et un sordide intérêt. On verra ce M. Fossé devenir l'instrument servile du pouvoir, pour poursuivre à outrance un honnête homme, un franc et sincère républicain, sous prétexte de délits imaginaires.

Mais voici la première lettre que j'écrivis à ce complice éhonté de mes persécuteurs :

« Maison d'arrêt de Cherbourg, le 17 décembre 1851.

« Monsieur le Procureur de la République,

« Un acte inouï, inique, vient de s'accomplir au préjudice de ma liberté ! J'ai été écroué hier à la maison d'arrêt, en vertu d'un mandat lancé par le sous-préfet intérimaire de cette ville. Cette pièce, en s'appuyant sur de prétendus renseignements, met des faits à ma charge qui ne seraient pas même susceptibles de faire exercer à mon égard des poursuites judiciaires, s'ils étaient prouvés. On leur donne un caractère vague et non précis (*propagandes anarchiques*, on aurait dû dire *républicaines*).

« C'est pourquoi le mandat d'arrêt, par impossible, contrairement à l'article 96 du Code d'instruction criminelle, ne cite pas la loi qui déclare le fait imputé crime ou délit.

« C'est donc un déni de justice commis à mon égard et à mon préjudice.

« Je suis détenu par l'effet d'une véritable lettre de cachet, et non en vertu des prescriptions légales, que personne ne saurait enfreindre sans compromettre gravement sa responsabilité, mieux que cela, son honneur !

« Je m'adresse avec une entière confiance à vous, monsieur le Procureur de la République, pour obtenir justice, et pour faire cesser immédiatement les effets de l'acte arbitraire dont je suis victime.

« Veuillez m'honorer d'une prompte réponse et agréer, etc.

« Mouton. »

N'ayant reçu aucune réponse à cette lettre, je lui écrivis la suivante :

« Maison d'arrêt de Cherbourg, le 19 décembre 1851.

« Monsieur le Procureur de la République,

« Je regrette bien vivement que la lettre que j'ai eu l'honneur de vous adresser, le 17 de ce mois, vous ait trouvé au milieu de chagrins causés par la perte cruelle que vous venez de faire ; veuillez agréer, à l'occasion de la mort de madame votre belle-mère, les compliments de condoléance d'une victime de l'arbitraire.

« Je conçois que, dans les premiers moments des peines auxquelles vous étiez en proie, vous n'ayez pas pu répondre à ma lettre, car je n'ai pas pu considérer raisonnablement comme une réponse les quelques mots que m'a répétés de votre part la femme du concierge de la prison. Ma dignité me défend d'accepter un semblable intermédiaire entre vous et moi dans une affaire aussi sérieuse ; car, remarquez-le bien, il s'agit d'un attentat à ma liberté et d'un crime de forfaiture commis à mon préjudice par un fonctionnaire de l'ordre administratif. Je vous le dénonce spontanément, et sans le conseil et l'assistance d'un avocat, puisqu'il ne m'est permis de voir que mon geôlier dans le cachot où vos sbires m'ont plongé.

« Quand toutes les libertés sont détruites, les opprimés n'ont d'autre recours qu'en s'adressant à la justice, où ils espèrent encore trouver des magistrats. Si vous êtes digne de porter ce titre, armé au nom de la loi de pouvoirs suffisants, vous ordonnerez que les portes de ma prison soient ouvertes à l'instant même. C'est votre droit, c'est votre devoir !

« C'est un appel que je fais à vos sentiments d'honneur. Prouvez-moi que vous m'avez compris, non-seulement en me rendant à ma famille, mais encore pour démontrer une fois de plus, en magistrat intègre et courageux, que la justice ne saurait, dans aucun cas, devenir la complice d'un ambitieux, et que Thémis est encore en France, posée fièrement sur son piédestal, planant au-dessus de toutes les forces brutales ! ! !

« Mouton. »

J'allais oublier de donner la copie de la lettre que j'écrivis à ce sous-préfet, qui n'avait pas craint de lancer un mandat d'arrêt contre ma personne. La voici :

« Maison d'arrêt de Cherbourg, le 17 décembre 1851.

« Monsieur le Sous-Préfet,

« Je subis en ce moment, en vertu du mandat d'arrêt qu'il vous a plu de lancer contre ma personne, une détention que je considère comme arbitraire, illégale et comme une véritable forfaiture dont je vous rends responsable ; car, en votre qualité de fonctionnaire de l'ordre administratif, vous n'aviez pas caractère pour lancer ce mandat, et le code pénal, qui a prévu ce cas, pourrait un jour vous être appliqué dans toute sa rigueur.

« J'ignore à quelles sources impures vous avez puisé *vos renseignements dignes de foi* pour établir que des réunions ont eu lieu à mon domicile de jour et de nuit. Je donne le démenti le plus formel à ces prétendus renseignements. Ce sont là des suppositions imaginaires qu'il n'était pas en mon pouvoir qu'elles ne fissent le sujet des conversations de personnes approuvant le coup d'État, et jalouses d'accréditer des faits de nature à justifier une arrestation qui était ordonnée par le Président de la République.

« C'est là une œuvre ignoble de la police ! D'ailleurs la police, si elle agissait de bonne foi, en faisant surveiller ma demeure de jour et de nuit comme elle le faisait depuis quelque temps, eût su à quoi s'en tenir sur de semblables absurdités.

« Toujours sous l'impression, ou pour mieux dire sous le prétexte ridicule de prétendus renseignements, on a supposé que ma maison était une chancellerie où l'on devait trouver une masse de pièces accablantes contre moi. Contrairement aux lois que le lieutenant de gendarmerie apparemment ignore, mon domicile a été, en mon absence, perquisitionné, bouleversé nuitamment, et cela sans se préoccuper des effets fâcheux que ces procédés sauvages pourraient produire sur la santé de ma jeune fille, âgée de 20 ans et enceinte, très-avancée dans sa grossesse. Dans l'espoir des précieuses et importantes découvertes qu'il croyait faire, un gendarme sans vergogne ne s'arrête pas par de telles considérations!

« Niaiserie et puérilité que le repos et le respect des familles pendant la nuit !

« Dans l'espoir d'obtenir un avancement ou quelques francs de plus par mois, que ne ferait pas un officier sans dignité ?

En définitive, qu'a-t-on trouvé en se livrant aux actes que je signale ? Rien ! Absolument rien !

Il n'y a donc rien dans mes papiers, dans mes écrits, ni dans mes actes, qui puisse rationnellement me rendre passible d'aucune juridiction légale. Vous vous êtes donc rendu doublement coupable d'un délit prévu par le code pénal en vous immisçant dans des fonctions qui ne vous appartiennent pas, et en attentant à la liberté d'un citoyen placé sous la protection des lois.

« Si vous ne faites pas ouvrir immédiatement les portes de mon cachot, vous assumerez sur vous une grande responsabilité, dont les conséquences, la loi à la main, peuvent devenir terribles pour vous.

« Comme citoyen d'un État libre, je proteste de toute la force de mon énergie contre toute mesure administrative qui prolongerait ma captivité.

« Mouton. »

Cette lettre eut le même sort que les autres, c'est-à-dire qu'elle demeura sans réponse. Ces fonctionnaires, pour conserver leurs places, consentaient bien à se faire les complices du violateur de la Constitution ; mais le lendemain qui pouvait venir leur demander compte de leurs actes, leur causait de cruelles préoccupations. Aussi, tout en s'associant avec un pouvoir mis hors la loi par la haute-cour de justice, évitaient-ils, autant que possible, de donner par écrit aucune preuve de leur félonie. J'ai toujours pensé que si ces fonctionnaires avaient laissé mes lettres sans réponse, c'était apparemment pour me mettre dans l'impossibilité, le cas échéant, de me servir de leurs signatures pour les accuser.

Sur ces entrefaites, le nouveau sous-préfet de Cherbourg publia une proclamation à ses administrés, que j'eus occasion de lire. Je m'empressai aussitôt d'adresser à cet administrateur la lettre suivante :

« Maison d'arrêt de Cherbourg, le 19 décembre 1851.

« Monsieur le Sous-Préfet,

« J'ai eu l'honneur de vous écrire le 17 courant pour me plaindre de l'acte arbitraire dont je suis victime, et vous n'avez pas eu le courage de me répondre ; c'est qu'apparemment vous n'aviez aucune bonne raison à me donner pour chercher à justifier l'acte inique dont vous vous êtes rendu coupable envers moi, et, en pareil cas, le silence vous a paru être d'une sage prudence en présence de votre conscience infailliblement en désaccord avec vos actions.

« En attendant, la victime de votre froide cruauté, tenue au secret le plus rigoureux, sans feu dans un cachot humide, est en proie aux plus vives douleurs.

« Pour rendre ce procédé sauvage, tout à fait digne du moyen âge, que ne venez-vous, nouveau Tristan, aux barreaux de ma prison, vous assurer que le fervent patriote, le républicain sincère, que vous persécutez aussi indignement, éprouve bien les tortures morales et les souffrances physiques que l'amnistié de la République réservait à son patriotisme pur et désintéressé, à ses 38 années d'honorables services fournies à la patrie, et à ses 56 années d'âge !!!

« Et c'est quand le peuple a connaissance de semblables atrocités, et qu'il gémit tristement et silencieusement sur les pertes de ses libertés les plus chères, que vous dites avec emphase dans votre proclamation de ce jour : *Que les Normands sont jaloux de leurs droits.*

« Oui, sans doute ! ils sont jaloux de leurs droits, et, c'est au nom de ces droits conquis par nos pères au prix de tant de sang versé, que je vous demande, que je vous ordonne, de me rendre à la liberté !

« Mouton. »

Certes, les expressions dont je m'étais servi dans cette lettre étaient de nature à éveiller quelques susceptibilités chez ce fonctionnaire placé à la tête d'un arrondissement important ; cependant, M. Durègne, le nouveau sous-préfet, usa à mon égard de procédés que je n'étais pas habitué à rencontrer chez les stipendiés du coup d'État. Il me répondit par écrit. Voici sa lettre :

« Cherbourg, le 20 décembre 1851.

« J'ai reçu, monsieur, les deux lettres que vous m'avez adressées sous les dates des 17 et 19 de ce mois.
« Comme il ne m'appartient pas de statuer sur les faits qui ont été accomplis par ordre de mon chef hiérarchique dont j'ai à exécuter les ordres, je me suis empressé de transmettre à M. le préfet de la Manche et vos deux lettres et les procès-verbaux des perquisitions et des saisies opérées à vos domiciles de Cherbourg et de la Pierre-Buttée.
« J'ai l'honneur, etc.
         « Le sous-préfet, signé, Durègne. »

Voyant que le sous-préfet déclinait ainsi toute responsabilité, et se retranchait derrière les ordres de son chef hiérarchique, j'écrivis à celui-ci :

« Maison d'arrêt de Cherbourg, le 20 décembre 1851.

« Monsieur le Préfet,

« Le sous-préfet de Cherbourg m'informe que deux lettres que je vous ai écrites vous ont été transmises ; je trouve donc inutile de vous entretenir de nouveau des mesures illégales et inhumaines prises à mon égard, et dont j'ai justement à me plaindre en me plaçant devant le texte même de la loi qui, depuis 62 ans en France, garantit à tous les citoyens la liberté individuelle. Cette conquête, faite par nos pères, a fait répandre trop de sang et exigé trop de sacrifices pour que leurs enfants n'en revendiquent pas, en toutes circonstances, la jouissance entière.

« Mais j'arrive promptement au motif de cette lettre.

« Comme le mandat d'arrêt lancé contre moi énonce que je suis arrêté pour être mis à votre disposition, il doit donc dépendre de vous de mettre fin à une captivité que rien ne peut justifier et que toutes les lois condamnent.

« Vous avez actuellement les procès-verbaux de toutes les perquisitions les plus minutieuses qui ont été faites à mes deux domiciles. Elles n'ont eu d'autres résultats que celui de faire enlever de mes appartements, je ne sais trop pourquoi, des collections de journaux, de gravures et de portraits dont la publication était légale quand je les ai reçus par la poste. Leur présence dans mon salon et ma chambre à coucher n'avait donc rien que de très-légal.

« Les armes qui ont été trouvées dans ma chambre à coucher et qui garnissaient une panoplie placée en face de mon lit, sont les mêmes dont je me suis servi pendant ma longue carrière militaire ou qui se vendent ostensiblement et publiquement chez tous les armuriers et arquebusiers. J'avais donc le droit de les posséder, et l'officier de gendarmerie qui s'est oublié au point de me les enlever, pourra pour tant de zèle obtenir de l'avancement, mais à coup sûr, il n'aura pas mérité l'estime et l'approbation de ses camarades de l'armée.

« On me reproche, en outre, d'avoir fait une propagande anarchique, c'est même ce qui a donné lieu et servi de prétexte spécieux au mandat d'arrêt dont je dénie hautement la légalité. Si c'est faire de la propagande que de chercher à faire aimer la République par mes concitoyens, j'avoue sans crainte, et avec honneur, que j'en ai fait.

« Le blâme devrait bien plutôt se déverser sur ces fonctionnaires qui, reniant leur bienfaitrice, déblatèrent journellement contre elle.

« La honte et le crime doivent être reprochés à ces stipendiaires qui, acceptant de gros traitements de la République, conspirent en plein jour contre elle.

« Quant à l'épithète d'anarchiste qu'on a l'effronterie de me jeter à la face, je la renvoie, du fond de mon cachot, au visage hypocrite de ces derniers.

« Une simple réflexion, monsieur le Préfet. Vous devez être forcément, dans ce moment, un anarchiste, ou vous devez l'avoir été précédemment ! Vous savez, comme moi, que c'est là une insulte que les partis se lancent tour à tour. Si vous êtes impérialiste, vous étiez un anarchiste en 1815, et vous l'êtes encore aujourd'hui, car, quoi qu'on dise et qu'on fasse, nous sommes encore en République. Si vous êtes légitimiste, depuis 1830 vous êtes classé parmi les anarchistes, avec les orléanistes, qui ne le sont que depuis 1848. Si vous êtes républicain, vous avez été anarchiste pendant la période du premier Empire, pendant toute la Restauration et pendant le règne de Louis-Philippe. Aujourd'hui que nous sommes en République, comme moi, vous êtes un conservateur; le gouvernement, loin de permettre qu'on me persécute, me doit son approbation et sa protection.

« Comme haut fonctionnaire de ce gouvernement, pourquoi alors permettriez-vous donc que l'on me tienne sous les verrous.

« Je vous ai parlé en honnête et loyal républicain, et avec la franchise d'un vieux soldat; vous vous rappellerez que tout ce que fonde la force brutale est destiné, tôt ou tard, à crouler par l'effet de la décomposition, et qu'il n'y a que le droit qui soit réellement durable; vous vous comporterez comme un Français du dix-neuvième siècle, avec la loyauté et l'honneur d'un fonctionnaire digne de sa haute position, et vous ordonnerez que les portes de mon cachot soient ouvertes dès aujourd'hui.

« Agréez, etc.

« Mouton. »

Comme on a pu le remarquer dans toutes les lettres écrites par moi aux préfet, sous-préfet et procureur de la République, et que le lecteur me pardonnera d'avoir reproduites dans ce récit, je n'ai jamais cessé de protester énergiquement contre la détention arbitraire que l'on me faisait subir. Le ton comminatoire que je gardais à l'égard de ces fonctionnaires, qui s'étaient placés si imprudemment en dehors de toute légalité, dut indubitablement leur faire penser au lendemain et leur faire craindre d'avoir un jour à compter avec moi, et surtout avec le Code pénal.

Ce sont sans doute ces préoccupations qui engagèrent ces vils stipendiés à se livrer à une manœuvre aussi ridicule qu'odieuse, pour donner à mon arrestation un semblant de légalité. Ils ne craignirent pas de m'imputer, certes, contrairement à leur conscience, une série de délits justiciables des tribunaux ordinaires.

Cet échafaudage de poursuites judiciaires, inventé par l'astuce réactionnaire du procureur général de Raynal, secondé par le procureur de la République Fossé, son triste subordonné, devait servir à justifier les persécutions dont j'étais la victime. Mais l'échec honteux de cette tentative devant la justice régulière réduisit au comble de l'opprobre mes cyniques persécuteurs.

Le 25 décembre 1851, à quatre heures du matin, j'entendis le bruit des longs verrous de mon cachot. La porte s'ouvrit, et, à la lueur d'une lanterne, je reconnus la figure bourgeonnée du geôlier de la maison d'arrêt. Celui-ci m'engagea sèchement à me lever sur-le-champ et à le suivre dans le cabinet du juge d'instruction. J'obéis sans mot dire.

En entrant dans le cabinet, je me trouvai en face de deux personnes que je connaissais parfaitement.

L'une était M. Leseigneurial, juge d'instruction, légitimiste enragé, avec lequel j'avais eu plus d'une fois des discussions politiques. Naturellement, nous n'étions pas d'accord, excepté toutefois quant à notre appréciation sur Louis Bonaparte.

L'autre était M. Vielle, greffier, honorable citoyen, qui possédait mon estime depuis plus de vingt-quatre ans.

Après m'avoir invité à m'asseoir devant un bon feu, ce que je fis avec d'autant plus d'empressement que, depuis mon arrestation, je n'avais pu me réchauffer ni jour, ni nuit, le juge m'annonça qu'il était chargé de me faire subir un interrogatoire.

— Quoi! lui dis-je aussitôt, vous, légitimiste et magistrat, vous consentez à servir la vengeance d'un pouvoir violateur de toutes les lois?

On vous accorderait peut-être le bénéfice des circonstances atténuantes, si vous n'aviez que vos émoluments pour vivre; mais, avec votre fortune, comment pouvez-vous souiller votre réputation d'honnête légitimiste en vous associant à ces attentats bonapartistes ?

Leseigneurial fut confondu. On l'aurait été à moins. Il ne sut que m'engager, dans mon intérêt, d'un ton patelin, à avoir plus de calme, et surtout à respecter la magistrature.

— Vous n'êtes plus des magistrats, ripostai-je, vous êtes des complices d'un coupable de par la loi !

L'interrogatoire commença comme il suit :

D. Vous êtes accusé d'avoir conspiré contre la République, crime prévu par l'article 86 du Code pénal.

R. Monsieur le Juge, d'après ce que vous venez de m'annoncer, à ma grande surprise, ou, pour mieux dire, à ma grande indignation, il est à présumer qu'on est à la recherche d'un conspirateur contre la République. Tout d'abord, je déclare que la justice s'égare et fait fausse route, en venant chercher ce conspirateur dans la prison de Cherbourg, c'est à l'Élysée qu'elle le trouvera !

— Ah ! colonel, me dit avec émotion l'honnête greffier, je ne puis écrire cette réponse, elle vous compromettrait, croyez-moi, supprimez ces paroles.

Le juge, bien que je l'eusse rudoyé, insista dans le

même sens, et dicta à son greffier une toute autre réponse.

D. Il résulte de renseignements nombreux et dignes de foi que vous avez fait de fréquents voyages à Paris et dans toutes les localités du département de la Manche, et que partout on vous a vu vous mettre en relation avec les hommes connus dans le pays pour être des anarchistes.

R. J'ai fait, en effet, plusieurs voyages depuis le jour où je suis rentré dans la vie civile, mais c'était mon droit, j'en ai joui à ma volonté, et personne ne saurait le trouver mauvais ni voir là un acte répréhensible. J'ai vu mes amis, et généralement des personnes qui avaient mes sympathies; naturellement, je les rencontrais plus souvent parmi les républicains que parmi les monarchistes, en conspiration plus ou moins flagrante contre la République.

Mais voir un conspirateur dans un républicain qui serre cordialement la main d'un autre républicain, c'est une déraison, une aberration mentale. En vérité, je serais tenté de croire que vous avez perdu le sens moral, si je n'étais bien convaincu que l'interrogatoire absurde que vous me faites subir dans ce moment fait partie du rôle que vous avez consenti à jouer vis-à-vis de moi.

Mais j'en ai assez dit pour faire ressortir tout le ridicule, tout le grotesque d'une semblable accusation.

Toujours dans mon intérêt, et pour me prouver sa bienveillance, le juge d'instruction dicta mes réponses à son greffier en les modifiant.

D. On vous accuse de détention d'armes prohibées par la loi. On en a trouvé un grand nombre dans votre chambre à coucher.

R. Le plus grand nombre des armes qui ont été trouvées dans ma chambre à coucher étaient en ma possession pendant les nombreuses années de service que j'ai fournies à mon pays. Au reste, j'avais d'autant plus le droit de les avoir chez moi que des armes du même modèle se trouvent dans toutes les villes en montre chez tous les armuriers et arquebusiers. Si, d'un côté, l'autorité laisse vendre publiquement ces armes, et que de l'autre elle élève la prétention d'exercer des poursuites contre les acquéreurs de ces mêmes armes, je n'ai qu'une manière de m'exprimer sur son compte : c'est de lui reprocher de dresser des piéges aux citoyens qui ont confiance en elle.

D. Vous êtes accusé d'avoir fait fabriquer des fausses clefs pour ouvrir les portes de l'arsenal et celles des magasins à poudre de la ville de Cherbourg ; cela résulte des perquisitions faites dans les greniers de votre maison de la rue Christine de cette dernière ville, où plusieurs de ces fausses clefs ont été trouvées.

R. En vérité, je suis porté à ne faire aucune réponse à une telle accusation, elle est par trop niaise et par trop ridicule. Mais vous seriez capable de mal interpréter mon silence, je vais parler, et ma réponse sera brève.

« Je me bornerai donc à déclarer que je n'ai jamais mis les pieds dans les greniers de ma maison de la rue Christine, où il y avait un tas de vieilles ferrailles, d'après ce que j'ai appris, depuis plus de quarante ans, et parmi lesquelles les zélés perquisiteurs officiels ont pu trouver quelques vieux crochets désignés pompeusement par eux sous le nom de fausses clefs. Cette dénonciation, selon eux, devait produire, dans cette parade, un grand effet, mais ils n'obtiendront, pour prix de leur méchanceté calculée, qu'une déception et un ridicule de plus.

D. Vous êtes accusé d'avoir exercé illégalement la profession de médecin.

R. Voilà que vous devenez sérieux, monsieur le juge; je vous dois donc une explication sérieuse sur cette accusation; je vais vous la donner sans aucune réticence.

« J'avais en ma possession un manuel de la méthode Raspail; un jour, la roue d'une voiture, heureusement à vide, passa sur la jambe d'un garçon de douze à quatorze ans. L'accident avait eu lieu sur la grand'-route, en face de ma maison de campagne. J'entendis les cris déchirants de l'enfant. Je me rendis en toute hâte auprès de lui, et je le fis tout aussitôt transporter chez moi. Après avoir consulté mon manuel (*doc-*

tus cum libro), je le pansai de mon mieux, et je fus assez heureux pour apprendre, quelques jours après, que sa complète guérison ne s'était pas fait attendre. Inutile de dire que j'avais fourni gratuitement tous les médicaments, que je n'avais accepté aucun honoraire pour mes peines, et qu'au contraire j'avais donné une pièce de deux francs à l'enfant, pour l'engager à supporter patiemment les douleurs du pansement.

« C'est toujours ainsi que j'en ai agi dans les nombreuses cures que j'ai faites.

« Dès ce moment ma réputation de médecin gratuit était faite, et j'avais l'avantage de donner des consultations gratuites, avec les médicaments gratuits, à de nombreux malheureux habitants des campagnes voisines; il en venait quelquefois de 20 à 25 kilomètres pour me consulter. Quand les maladies dont ils étaient atteints étaient par trop graves, par prudence, et quand je me croyais incapable de les guérir, je les engageais à aller consulter un médecin, et si je supposais qu'ils n'avaient pas les moyens de payer les frais de la visite, je les leur donnais.

« Si, dans tout ce que je viens d'avouer, vous trouvez un fait délictueux, poursuivez-moi; mais, je vous le déclare hautement et sans détour, à l'expiration de la peine que vous pourriez faire prononcer contre moi, si je rencontre sur mon chemin un malheureux souffrant d'un mal quelconque, ni vos menaces de la prison, ni aucune autre peine ne pourront m'empêcher de le secourir, soit en partageant mon pain avec lui, soit en tentant de le débarrasser du mal dont il souffre, par tous les moyens que mon intelligence et l'amour de mon prochain me suggéreront.

« Qu'avez-vous encore, monsieur le Juge, à me reprocher?

— Rien, colonel!

Certes, dans tout cet interrogatoire, qui avait été plus pénible pour le juge d'instruction qu'inquiétant pour moi, j'avais toujours remarqué une certaine bienveillance de la part de ce dernier dans le soin qu'il mettait, en dictant mes réponses à son greffier, de les modifier, pour faire disparaître les expressions qu'il jugeait compromettantes pour moi.

Était-ce par pure bienveillance pour un homme qu'il ne pouvait s'empêcher d'estimer, ou pour me témoigner le regret et le repentir qu'il éprouvait d'avoir accepté une mission indigne d'un magistrat?

— Puisque vous avez fini votre interrogatoire, laissez-moi, monsieur le Juge, en finir à mon tour. Souffrez que je dicte quelques phrases directement à votre greffier.

« — Juges du tribunal civil de Cherbourg, qui serez
« appelés à composer la chambre du conseil, qui que
« vous soyez, je vous connais tous. Je sais que vous
« êtes tous, je ne sais trop pourquoi, mes adversaires
« politiques. Je sais aussi que vous êtes d'honnêtes

« citoyens, des magistrats intègres et indépendants,
« et que votre intelligence vous fera comprendre que,
« dans l'espèce, on ne vous demande pas un acte de
« justice, mais bien un service que vos consciences,
« justement révoltées, refuseront !

« Mouton. »

Telle a été mon attitude en présence de la comédie que le procureur général et le procureur de la République jouaient dans l'espoir de transformer en une affreuse tragédie pour moi. En effet, si un seul des trois juges qui devaient composer la chambre du conseil s'était prononcé contre moi, mon affaire eût été portée devant la chambre d'accusation de la cour d'appel, et l'on pouvait me transformer en prévenu et, par suite, en repris de justice. Comme tel, grâce aux douceurs que l'ancien prisonnier de Ham réservait aux républicains fidèles à la Constitution qu'il avait trahie, j'eusse été envoyé à Cayenne, où certainement, à mon âge, j'aurais promptement succombé.

Le 24 janvier 1852, vers dix heures du matin, la porte de mon cachot s'ouvrit, et mon fidèle Guillaume me pria de me rendre avec lui à la geôle, en me disant que le greffier du tribunal m'y attendait.

En effet, en entrant dans la salle, je me trouvai en face de l'estimable M. Vielle, qui, en me serrant affectueusement la main, me dit tout aussitôt : « Colonel ! je n'ai voulu permettre à personne de vous apprendre, avant moi, une bonne nouvelle. Vous êtes libre ! La chambre du conseil a rendu une ordonnance de non-lieu au sujet de tous les délits qu'on vous imputait, et permettez-moi, mon bon colonel, de vous offrir mon bras pour vous reconduire au sein de votre famille. »

Qu'on juge de ma joie en entendant prononcer ces paroles d'une voix amie. Fort du témoignage de ma conscience, je n'avais jamais redouté sérieusement une autre décision de la part des magistrats, quelles que fussent les influences corruptrices auxquelles ils étaient en butte. Cette décision n'honore pas moins les juges de Cherbourg. S'ils n'eurent pas la force de résister ouvertement au crime victorieux, du moins ne s'y associèrent-ils pas en cette circonstance !

Mais ma joie ne devait pas être de longue durée. Au moment où je me disposais à prendre le bras de M. Vielle, le concierge de la prison, qui n'avait pas ouvert la bouche jusque-là, dit, en tirant de sa poche un papier : « Monsieur le colonel ! je n'ai pas voulu vous faire de la peine, mais dans ce moment je suis forcé de vous donner connaissance d'une lettre que j'ai reçue il y a deux jours du sous-préfet, et je dois me conformer à son contenu, que voici :

« Conformément aux prescriptions de la lettre de M. le Préfet de la Manche, en date du 20 janvier courant, vu l'instruction de M. le Ministre de l'intérieur, du 2 janvier, le gardien de la prison de Cherbourg devra retenir prisonnier, jusqu'à nouvel ordre de l'autorité administrative, le lieutenant-colonel Mouton, détenu aujourd'hui sur mandat de dépôt de M. le Juge d'instruction. Ledit ordre, rédigé et donné en vue et prévision d'une ordonnance de non-lieu de la chambre du conseil, pouvant dire que le colonel Mouton sera mis en liberté.

« A Cherbourg, le 21 janvier 1852.
« Le sous-préfet,
« *Signé* : DURÈGNE. »

Ainsi, ces misérables l'avouaient eux-mêmes! Ils avaient joué une comédie infâme! L'instruction judiciaire n'avait été qu'une dérision aussi outrageante pour la magistrature que cruelle pour moi!

Je ne supposais pas qu'il fût possible de pousser aussi loin le cynisme et le mépris de tout ce que les hommes tiennent pour sacré. Mon indignation n'avait plus de bornes.

Je réclamai la lettre du sous-préfet. Elle me fut impitoyablement refusée. Ce qu'on m'accorda, après bien des instances, ce fut de me la faire dicter, car on craignait même de m'en donner une simple copie! Toujours la peur du lendemain! Aussi lâches que méchants, ces préfets et sous-préfets consentaient bien à se transformer en exécuteurs des hautes-œuvres des Persigny, des Saint-Arnaud et de leur maître, mais à la condition qu'il ne demeurât aucune preuve écrite de leur complicité!

Jusqu'à ce jour, j'avais conservé assez de calme, au milieu de tous les tourments qu'on me faisait endurer; mais en présence d'une aussi cruelle déception, sous le coup d'un arbitraire aussi odieux, ma colère d'honnête homme atteignit des proportions telles qu'elle influa sur ma santé. Je perdis le sommeil. Je demeurai immobile, muet, dans un coin de mon cachot, dévorant les regrets et comprimant l'indignation qui faisait bouillonner mon cœur !

CHAPITRE SIXIÈME

VI

Lettre au sous-préfet pour lui demander un traitement plus humain. — Je reçois la visite de ce fonctionnaire, accompagné du procureur de la République. — Bons procédés du premier et apostrophes que j'adresse au second. — Je suis transféré à la prison de Saint-Lô. — Une femme du peuple me reconnaît à mon passage sur le port du Commerce. — Ma conversation avec mon ami Marie que je ne devais plus revoir. — On m'interdit une parole d'adieu à ma fille. — Mon arrivée dans la prison de Saint-Lô. — Lettre au préfet intérimaire. — Sa réponse. — Arrivée du préfet Paulze d'Ivoy à Saint-Lô. — Lettre à ce nouveau préfet. — Inconvenance et cruauté de ce fonctionnaire. — Mon isolement. — Le journal *la Patrie* mis à ma disposition. — Moyen employé pour correspondre secrètement avec les miens. — Une cousine ne peut obtenir l'autorisation de me voir. — Silence calculé tenu à mon égard par les ministres de la guerre et de l'intérieur. — Mes anciennes relations avec le ministre de la justice m'engagent à lui écrire. — Aucune réponse n'est faite à ma lettre.

Combien de fois ai-je maudit la froide cruauté de mes persécuteurs! Car enfin, me disais-je bien souvent, si le prince Louis Bonaparte me fait l'honneur de me redouter, s'il me croit capable de nuire à ses desseins par ma présence à Cherbourg, pourquoi, au lieu de me faire mourir lentement dans un cachot infect, ne me fait-il pas débarquer dans l'une des îles anglaises qui se trouvent à moins de quinze kilomètres des côtes de la Basse-Normandie ?

Mais l'effet de ces persécutions, dont les populations avaient connaissance, était nécessaire au régime de terreur dont le pouvoir avait besoin pour établir son despotisme. C'est ce dont je me suis rendu compte lorsque j'ai su plus tard combien la persécution avait été générale sur tous les points de la France.

Malgré mon tempérament robuste, je dépérissais à vue d'œil. Je pensai que si je pouvais subir ma détention dans une chambre claire et suffisamment aérée, je finirais par prendre le dessus, et que ma santé pourrait se rétablir. Je me décidai donc à écrire au sous-préfet, pour lui demander, — et, certes, j'avais le droit de le faire, — de m'ôter du bouge où j'étais relégué.

Voici la lettre que j'adressai à ce fonctionnaire, le 25 janvier 1852 :

« Monsieur le Sous-Préfet,

« J'ignore si la détention, toute exceptionnelle, que je subis dans ce moment sera de longue durée. L'incertitude, véritable fléau pour un prisonnier, vient encore s'ajouter aux rigueurs de ma captivité.

« Si vous êtes un honnête homme, si vous êtes digne du nom de français, si vous êtes doué de quelques sentiments d'humanité, votre cœur doit vous commander de les adoucir !

« J'ai l'honneur de vous faire remarquer que, depuis

quarante et un jours, je suis dans un cachot, où je meurs de froid, où je suis pénétré d'une humidité mortelle. Je suis privé de toute promenade, si nécessaire à un homme d'un tempérament sanguin; l'air vicié que je respire sans cesse, et qui n'est jamais renouvelé, me prive de tout appétit, et le froid de tout sommeil. Vous devez bien comprendre que, pour un homme de mon âge, de ma condition, et avec mon genre habituel de vivre, de semblables rigueurs doivent amener ma mort dans un temps prochain!

« Si c'est là le but qu'on désire atteindre, que ne désigne-t-on quelques soldats avinés qui consentiront à m'envoyer les balles de leurs fusils dans la poitrine; au moins, avant de mourir, je pourrai encore m'écrier : Je meurs en emportant dans la tombe ma foi républicaine !!!

« Pourquoi le premier fonctionnaire de la République ferait-il subir sans jugement, à un loyal et franc républicain, une captivité plus dure et plus rigoureuse que celle qu'on est en droit d'imposer légalement aux grands criminels?

« Est-ce que votre cœur ne se soulève pas d'indignation, comme ceux de tous les honnêtes citoyens qui peuvent avoir connaissance des atrocités qu'on exerce sur ma personne ?

« Les mœurs actuelles du pays, la morale publique, réprouvent et blâment hautement ces procédés d'une insigne barbarie !

« Mais je me résume, monsieur le Sous-Préfet, je vous réclame un air pur, la lumière, la possibilité de me donner un peu de mouvement, des aliments chauds, toutes choses que les animaux obtiennent dans leurs écuries ou leurs étables, et que l'humanité vous fait un impérieux devoir de me faire accorder, si cela dépend de vous.

« MOUTON. »

Le 26 janvier 1852, vers onze heures du matin, j'entendis tirer le verrou de mon cachot; la porte s'ouvrit, et j'entendis la voix rauque du geôlier m'annonçant avec éclat : M. le Sous-Préfet, M. le Procureur de la République!

J'étais assis, sur mon banc boiteux, sous une lucarne qui laissait pénétrer un demi-jour dans mon infect cloaque. A la voix du geôlier, je fixai mes regards du côté de la porte, sans me déranger. On m'annonça de nouveau l'arrivée des deux fonctionnaires. « Eh bien! dis-je, et après? Si ces messieurs, qui doivent connaître les règles de la politesse, s'étaient découverts, je me serais levé pour les recevoir dans mon bouge, où j'ai droit à la même considération que partout ailleurs ; car, on le sait, je ne suis pas un criminel, mais bien une victime. »

En entendant ces paroles, les deux fonctionnaires se découvrirent sur-le-champ. Le sous-préfet, en s'excusant poliment envers moi, me dit : « Vous voyez, colonel, que je me suis empressé de venir faire droit à la demande formulée dans votre lettre d'hier, et je veux améliorer les conditions de votre détention tout autant que je le pourrai ; c'est pourquoi je vous prie de vouloir bien m'accompagner dans la visite que je vais faire de la prison, afin que vous puissiez choisir la chambre qui vous conviendra.

— Je vous remercie, monsieur le sous-préfet, de votre offre et de vos bons procédés, ce sont les premiers dont j'ai à me louer depuis le jour où un pouvoir prévaricateur a fait attenter à ma liberté.

— Vous savez, colonel, que mon entrée à la sous-préfecture de Cherbourg a été postérieure à votre arrestation, à laquelle je n'ai pas participé. Vous me trouverez toujours disposé à adoucir les rigueurs de votre prison.

— Ces sentiments vous honorent, monsieur le Sous-Préfet ; aussi, c'est ce qui fait que je ne vous confonds pas avec ce vil justicier qui vous accompagne. » Et au même instant, j'allais me précipiter sur l'ignoble procureur, dit bien à tort de la République, et je l'aurais mis sous mes pieds sans l'intervention active du sous-préfet et du geôlier. Le procureur, tout tremblant, balbutiait une phrase commençant par ces mots : *la loi....* je l'arrêtai sur-le-champ, et en proie à une surexcitation terrible :

« Votre loi à vous, être corrompu et vendu, lui criai-je, c'est la feuille d'émargement sur laquelle vous avez les yeux constamment fixés pour savoir combien on vous jette en pâture chaque mois pour commettre vos iniquités ! Vous n'avez daigné répondre à aucune de mes lettres, apparemment dans la crainte de déposer dans mes mains la preuve écrite de vos abus de pouvoir ! Mais n'importe, vienne le jour de la réparation, il ne me sera pas difficile de prouver vos méfaits, et je vous ferai envoyer au bagne, de par la loi. Retirez-vous, homme sans conscience, comme sans honneur ; n'augmentez pas par votre présence l'infection déjà trop suffocante de mon cachot ; l'air méphitique qu'on y respire est moins dangereux que l'aspect patibulaire de votre personne ! »

La légitime indignation à laquelle j'avais cédé était si violente que je retombai épuisé et comme anéanti sur mon grabat.

Je dois m'estimer très-heureux qu'une attaque d'apoplexie, ne m'ait pas frappé en ce moment.

Les éclats de ma voix, en apostrophant M. Fossé, étaient tels que j'avais été entendu de tous les habitants de la prison. Et comme il sortait presque chaque jour des détenus dont la peine était expirée, le lendemain on disait dans toute la ville de Cherbourg, que j'avais souffleté le procureur de la République dans mon cachot. Souffleté physiquement, non. Évidemment non, puisque j'en avais été empêché, mais moralement oui, et aussi ignominieusement que possible !

Grâce aux bonnes intentions et aux sentiments d'humanité du sous-préfet Durègne, on me plaça, ce jour même, dans une chambre où donnait le soleil pendant quelques heures de la journée, où l'air pouvait se renouveler. C'était toujours la prison, mais au moins dans des conditions supportables. Aussi ma santé commençait déjà à s'en ressentir, quand cinq jours après mon entrée dans cette chambre, on m'apprit que je devais être transféré dans la prison de Saint-Lô, chef-lieu du département.

Il fallait faire trois jours de marche pour s'y rendre par la correspondance de la gendarmerie. J'obtins de m'y transporter en un jour, par la diligence, en payant les places des deux gendarmes qui devaient m'escorter.

Le 30 janvier 1852, je sortis de la prison de Cherbourg, sans avoir pu embrasser ma femme et mes enfants. Au moment où je montais dans la diligence sur le port du Commerce, il y avait une foule nombreuse. Tout le monde se découvrit en silence. Une femme du peuple, malgré la résistance opposée par les gendarmes, qui voulaient l'empêcher d'arriver jusqu'à moi, parvient à me serrer les mains et à m'embrasser : « N'êtes-vous pas honteux, cria-t-elle aux gendarmes, de nous enlever le plus honnête homme du pays? »

La diligence s'éloigna rapidement. Au bas de la côte du Roule, elle dut ralentir sa marche, ce qui me permit de recevoir les adieux de mon bon ami, M. Marie, bon républicain que ses 25,000 francs de rente en bons biens au soleil n'empêchaient pas les réactionnaires de classer parmi les partageux. Je pus, pendant le temps de la montée de la côte, échanger quelques paroles de cordiale affection avec cet excellent et honorable citoyen. Cet entretien me fut si agréable que j'en ai toujours gardé le souvenir. La diligence ayant repris sa marche accélérée, force fut de nous séparer pour ne plus nous revoir, car mon ami est mort pendant les années que j'ai passées en exil.

Une demi-heure après, notre véhicule était arrivé devant ma maison de campagne. Le conducteur, apercevant ma fille sur la terrasse du jardin anglais qui borde la route, voulut arrêter sa voiture pour me donner le temps d'échanger quelques paroles avec mon enfant et de l'embrasser avant de m'éloigner d'elle pour être conduit vers l'inconnu, car je ne savais pas encore ce qu'on voulait faire de moi. Les gendarmes ordonnèrent brusquement au conducteur de continuer à aller grand trot. Puis ces deux exclaves d'une consigne barbare s'excusèrent respectueusement d'être obligés de se montrer plus rigoureux à mon égard qu'à celui d'un galérien. « Mais, colonel, me dit l'un d'eux en laissant échapper quelques larmes, c'est notre consigne. Et il y va de la perte de notre état si, nous laissant aller aux sentiments que vous nous inspirez, nous avions la faiblesse de l'enfreindre. »

Je ne pus donc que faire un signe avec la main à ma tendre fille. Elle y répondit par d'abondantes pleurs. Son père disparut rapidement à ses yeux ! Elle ne devait le revoir que treize ans après !

Je ne sais quel était le sauvage, le tigre enragé, qui n'avait pas craint d'ordonner à mon égard une consigne aussi atroce ! Quel qu'il soit, je le maudis !

Nous arrivâmes à Saint-Lô à dix heures du soir ; Je fus renfermé dans une chambre assez propre, la même où le prince de Polignac, premier ministre de Charles X, avait été placé pendant plusieurs jours en 1830, après son arrestation à Granville, au moment où il fuyait pour se rendre en Angleterre.

En tant que prisonnier, je me serais trouvé satisfait de ma nouvelle installation, si l'on ne m'avait pas imposé le châtiment du mutisme le plus absolu. Pourquoi cette mise au secret, cet isolement le plus complet ? Pourquoi défendre à Jules, mon jeune concierge, de ne m'adresser la parole autrement que pour les exigences du service ?

Il faut avoir été soumis comme moi à ce supplice de plus de quatre mois de silence pour bien apprécier les effets abrutissants de cette torture. Voulait-on, par ces raffinements de cruauté, affaiblir mon moral et m'amener à compromettre mon passé ou à renier ma foi politique ? Je l'ignore, mais ne pouvant m'expliquer les causes de ces nouvelles rigueurs, d'autant plus cruelles pour moi que rien ne pouvait m'en faire prévoir la fin, j'adressai dès le lendemain de mon arrivée la lettre suivante au préfet intérimaire de Saint-Lô ; car, ainsi que je l'ai dit plus haut, M. Jourdain, trop honnête homme pour demeurer préfet pendant ces temps d'iniquité, avait donné sa démission.

A M. le chevalier de Meynard, conseiller de préfecture, préfet intérimaire de la Manche.

« Monsieur,

« La justice régulière et légale s'est livrée aux investigations les plus minutieuses à mon égard; ma vie privée et politique a été fouillée aussi profondément qu'il est possible de le faire. A la suite d'une longue et scrupuleuse instruction, le ministère public s'est vu forcé de rendre sur mon compte une opinion favorable, et finalement la chambre de conseil du tribunal civil de Cherbourg a rendu, sur tous les délits qu'on m'imputait, une ordonnance de non-lieu.

« La justice a donc prononcé sur mon compte; cependant, après 50 jours de captivité, je me vois encore détenu sans savoir ce qu'on me reproche.

« Vous ne pourriez, monsieur le Préfet, sans encourir une grave et compromettante responsabilité, me priver plus longtemps de ma liberté, aussi suis-je certain que vous ordonnerez d'ouvrir immédiatement les portes de ma prison et de me rendre à ma famille.

MOUTON.

Voici la réponse que je reçus à cette lettre. Ce préfet intérimaire montra du moins quelque empressement à me répondre :

« Saint-Lô, le 1er février 1852.

« A monsieur le lieutenant-colonel Mouton,

« Je reçois la lettre que vous m'avez écrite hier pour demander qu'il soit mis fin à la détention administrative dont vous êtes l'objet.

« Vous n'ignorez pas la situation provisoire de l'administration départementale actuelle ; il m'est par conséquent impossible, vous le comprendrez, de prendre une détermination de cette nature. Je la réserve à M. le préfet, dont l'arrivée est extrêmement prochaine. Je lui mettrai immédiatement votre lettre sous les yeux, en même temps que celle que vous avez écrite à M. Clément, et que je ne puis faire partir provisoirement.

« Je fais parvenir à madame Mouton la lettre qui lui est destinée.

« Recevez, etc.
« Signé : le chevalier de MEYNARD.

Plusieurs de mes amis de Saint-Lô, apprenant mon arrivée dans la prison de cette ville, s'étaient empressés de s'y présenter pour m'honorer de leur visite. Je le sus plus tard quand il me fut possible d'établir avec eux une nouvelle correspondance secrète. Plusieurs déposèrent leurs cartes entre les mains du concierge de la prison ; elles ne me furent pas remises, mais portées à la préfecture, et peu s'en est fallu que ces honnêtes républicains ne fussent arrêtés pour les punir de tant d'audace !

Quelques jours après, toutes les cloches de la ville étaient en branle. On célébrait ainsi l'arrivée du nouveau satrape du département, M. Paulze d'Ivoy, qui venait prendre possession du poste que M. Bonaparte lui avait confié, ou pour être plus exact, qui venait jouir à son aise du gros traitement affecté à sa nouvelle charge, car il m'a toujours été assuré que c'était tout ce qu'on pouvait raisonnablement réclamer de son aptitude administrative.

Vite, me dis-je, adressons-nous à ce nouveau fonctionnaire, voyons ce que nous trouverons dans son cœur et sa conscience, et écrivons-lui.

« Maison d'arrêt de Saint-Lô, le 9 février 1852.

Monsieur le Préfet,

« La nouvelle de votre arrivée à Saint-Lô parvient jusqu'au fond de ma prison, où je suis tenu au secret le plus rigoureux, sans que je puisse m'expliquer les motifs d'une semblable mesure envers un citoyen détenu par *mesure administrative*.

« Voilà bientôt deux mois que je suis privé de ma liberté, et, puisqu'on m'a extrait de ma prison de Cherbourg pour me transférer dans celle de cette ville, je dois croire que ce changement n'a eu lieu que pour me faire comparaître devant le préfet du département qui doit avoir des pouvoirs suffisants pour mettre fin à une détention tout à fait illégale.

« Je prends en conséquence, monsieur le Préfet, la liberté de réclamer de votre bienveillance l'honneur d'une audience.

« Telle est ma confiance dans votre justice, telle est la pureté de ma conscience que je sais irréprochable, que j'ose espérer que lorsque je me serai expliqué devant vous avec la franchise d'un vieux soldat, vous n'hésiterez pas de faire cesser une captivité qu'aucune loi n'autorise et que l'opinion de tous les honnêtes gens réprouve.

« Mouton. »

Comme on le verra par la suite, le préfet Paulze d'Ivoy ne répondit pas à cette lettre, ni à aucune de celles que j'ai dû lui adresser. Chez ce fonctionnaire, comme chez l'ignoble procureur Fossé, j'ai toujours reconnu les lâches préoccupations du lendemain.

Plusieurs citoyens, incarcérés pour avoir eu l'audace d'être républicains sous la République, ont séjourné pendant un certain temps dans les mêmes prisons que moi. Mais il ne m'a jamais été permis de communiquer avec eux. Certes, la promiscuité peut parfois présenter des inconvénients, quand elle a lieu avec certaines personnes; mais en définitive je l'aurais encore préférée à l'état d'isolement auquel mes persécuteurs me condamnaient.

On ne me permettait de recevoir dans ma prison d'autre journal que la *Patrie*, dans lequel on insultait journellement les victimes de l'attentat de décembre. Bien triste lecture pour un républicain ! Aliment nauséabond pour l'esprit d'un patriote prisonnier !

A force de réclamations, je finis néanmoins par obtenir l'autorisation de me procurer quelques livres, loués au cabinet de lecture.

Les prisonniers sont ingénieux à découvrir les moyens de tromper les rigueurs de la captivité. Cet abonnement aux romans me servit à correspondre avec les miens et mes amis politiques, sans que mes lettres fussent soumises au concierge de la prison et au préfet du département.

Ce n'est pas à dire pour cela que j'aie jamais eu particulièrement à me plaindre du geôlier. Je tiens tout au contraire à dire à sa louange, qu'il m'est arrivé bien des fois, dans les heures d'exaspération que mon isolement rendait fréquentes, de maudire à haute voix mes bourreaux, et d'exhaler mes vaines colères en apostrophes à l'adresse du vainqueur de décembre. Eh bien! le concierge, qui m'entendit vingt fois, eut la discrétion de ne jamais profiter, comme il est arrivé à tant d'autres de ses pareils, de cette occasion pour montrer, en dénonçant mes paroles, un zèle qui eût été sans doute récompensé.

Le secret auquel j'étais soumis n'en demeurait pas moins toujours aussi rigoureux. Une jeune cousine, nouvellement mariée, apprend que je suis détenu à la prison de Saint-Lô. Elle et son mari s'empressent de se mettre en route; ils font quinze lieues par un temps de neige et de glace pour se rendre dans cette ville. Ils se présentent à la maison d'arrêt pour me voir et m'embrasser; la porte reste fermée pour eux. Ils obtiennent d'arriver jusqu'au préfet, auquel ils demandent, comme faveur, quelques minutes d'entrevue avec un parent qu'ils aiment; ce fonctionnaire, sans cœur, comme sans conscience, leur refuse sèchement cette autorisation!

Au moment où ces choses incroyables se passaient,

je voyais journellement à travers les barreaux de ma fenêtre un nommé Pagney, condamné aux travaux forcés à perpétuité pour avoir assassiné son beau-père, communiquer des heures entières avec les parents qui venaient le visiter.

Qu'aurez-vous à répondre, préfet Paulze d'Ivoy, pour justifier ces inutiles cruautés? Était-ce caprice ou excès de zèle envers vos maîtres?

Les jours se passaient bien tristement pour moi. La lâcheté du peuple français me désespérait. Mon esprit était obsédé par tant de pensées sinistres que je serais tombé dans un état de marasme et d'hébétude, si mon énergie morale n'avait vigoureusement réagi. Dans ces moments d'affaissement, la lecture même ne pouvait me distraire. La même pensée m'oppressait : la République est perdue; les libertés de mon pays sont écrasées sous le talon d'un seul homme (1).

J'avais écrit au Ministre de la guerre, au Ministre de l'intérieur; ces deux valets de Louis-Bonaparte ne m'avaient fait aucune réponse. Au fait que pouvaient-ils me répondre, si ce n'est qu'ils s'acquittaient de leur mieux du rôle que leur servilité leur avait fait accepter? Il leur fallait des victimes, des milliers de victimes, et j'en étais une.

Nous étions arrivés à la fin du mois de mars 1852. Après trois mois de détention, rien ne faisait prévoir une décision à mon égard. Je tentai alors une dernière démarche. Mes anciennes relations en 1848 avec

M. Abattucci, vice-président du tribunal civil d'Orléans à cette époque, nommé représentant du peuple à la Constituante par le département du Loiret, comme républicain, et devenu ministre de la justice au coup d'État de 1851, m'engagèrent à lui écrire la lettre suivante qu'aucun journal du temps, voire même le *Siècle* n'osa insérer.

« Maison d'arrêt de Saint-Lô, le 20 mars 1852,

« A Monsieur Abattucci, Ministre de la Justice.

« Monsieur le Ministre,

« Au nom du Droit, au nom du grand principe proclamé en 1789, et invoqué tout récemment par le Président de la République dans sa proclamation du 14 janvier dernier, au nom des lois qui n'ont pas cessé de régir le peuple français depuis soixante ans, je vous demande justice.

« Victime d'abus d'autorité, d'actes arbitraires et de dénis de justice, commis par différents fonctionnaires, j'ai été arrêté illégalement, et depuis trois mois je subis une détention non autorisée par les lois en vigueur, et réprouvée par les honnêtes gens de tous les partis.

« Je vais avoir l'honneur de vous exposer les faits avec sincérité et exactitude, et je suis convaincu, Monsieur le Ministre, que lorsque vous les connaîtrez, vous appellerez la sévérité des lois sur les agents du pouvoir qui ont attenté à la liberté individuelle d'un citoyen qui s'honore d'avoir mérité vos sympathies en 1848, alors qu'il commandait par intérim à Orléans le 21ᵉ régiment d'infanterie de ligne.

« Avant, comme après le coup d'État du 2 décembre 1851, je vivais fort paisiblement à la campagne, au sein de ma famille, quand le 16 décembre dernier, en vertu d'un mandat d'arrêt, émanant du sous-préfet de Cherbourg, j'ai été écroué par mesure administrative, à la prison de cette ville, pour être mis à la disposition du Préfet du département.

« Le mandat d'arrêt, contrairement à l'article 96 du Code d'instruction criminelle, n'énonçait aucun fait qualifié crime ou délit par nos lois. Mon arrestation présente donc à la fois un empiètement de l'autorité administrative sur l'autorité judiciaire et un défaut de forme punissable par l'article 112 du Code pénal.

« Toujours contrairement aux formalités légales, pendant la nuit qui suivit mon arrestation, mes domiciles de la ville et de la campagne ont été perquisitionnés, bouleversés et remués de fond en comble en mon absence; ce qui constitue une double illégalité, mieux que cela, un acte de sauvagerie.

« On n'a trouvé chez moi rien de compromettant. Cela devait être : j'ai toujours été jaloux de mes droits de citoyen français, mais je n'ai jamais été un conspirateur. Dans la vie militaire, comme dans la vie civile, j'ai toujours été soumis aux lois et disposé à les défendre.

« Cependant, après ces perquisitions, ma vie politique et privée fut fouillée aussi profondément qu'il était possible de le faire. On se livra aux investigations les plus minutieuses, et une instruction judiciaire longue et sévère eut lieu à mon sujet; mais, en présence de la loi, tout cela ne devait rien produire de compromettant contre moi : en effet, le Ministère public lui-même dut consciencieusement émettre une opinion qui m'était tout à fait favorable, et finalement la Chambre du Conseil du tribunal civil de Cherbourg rendit, le 20 janvier dernier, une ordonnance de non-lieu sur tous les délits qu'on avait tenté de m'imputer.

« La conséquence légale de cette première décision, rendue par un tribunal compétent, devait avoir pour résultat ma liberté immédiate : c'est du moins ainsi que les choses se passent en France, depuis 1789, et qu'elles se pratiquent dans notre temps dans les états les plus despotiques de l'Europe ; mais le Préfet du département de la Manche en décide autrement, et ne craignant pas de commettre un nouvel abus de pouvoir à mon préjudice, par prévision de l'ordonnance de non-lieu du tribunal ci-dessus mentionnée, il avait ordonné à l'avance de me détenir en prison *quand même*. Quelques jours après, apparemment pour m'enlever tout espoir de jouir du bonheur de voir ma femme et mes enfants, ou pour se donner le malin plaisir de me faire promener entre deux gendarmes dans le département, il me fait transférer dans la prison de Saint-Lô, où l'on me soumit de nouveau au secret le plus rigoureux.

« Des parents font quinze lieues pour venir me voir, ils sont impitoyablement et inhumainement repoussés ; quand moi, à travers les barreaux de ma prison, je voyais un assassin, condamné aux travaux forcés à perpétuité, communiquer avec les personnes qui venaient le visiter.

« Pourquoi ce transfèrement dans la prison de Saint-Lô ? Pourquoi cette nouvelle mise au secret ? On va sans doute procéder à une nouvelle instruction à mon sujet ? Non ! il en est rien ! Voilà sept semaines que je me trouve dans ma nouvelle prison ; nonobstant mes réclamations itératives, je n'ai pu savoir encore ce qu'on me reprochait, ce qu'on me voulait, ni communiquer avec le Préfet, ni voir aucun magistrat.

« Je vous le demande, monsieur le ministre, dans de tels actes n'aperçoit-on pas un arbitraire des crimes odieux que nos lois punissent, des procédés barbares et sauvages justement abhorrés par un peuple jaloux de ses droits ?

« De semblables méfaits s'accomplissent au préjudice d'un officier supérieur qui a fourni une carrière honorable de trente-huit années de service à son pays, et cela au moment même où la nouvelle Constitution, reconnaissant les principes de 1789, déclare que la liberté individuelle est garantie à tous les citoyens, et que le mot de liberté se trouve dans toutes les proclamations du Président de la République.

« Je crois vous avoir démontré d'une manière péremptoire, Monsieur le Ministre, que je suis victime de plusieurs illégalités; mais là ne devait pas s'arrêter l'arbitraire dont on avait usé depuis plus de trois mois à mon égard.

« Par ce qui précède, vous avez bien certainement reconnu que les lois qui devaient protéger ma liberté individuelle, ont été violées sciemment. On va même plus loin dans cette voie coupable, on n'exécute même pas à mon sujet les circulaires ministérielles des 29 janvier et 3 février derniers, dans leurs dispositions qui pourraient m'être avantageuses.

« Vous signaler, Monsieur le Ministre, toutes les circonstances de la position exceptionnelle où je me trouve; me placer avec une entière confiance sous votre haute protection; réclamer justice au nom des lois dont vous avez l'honorable mission d'assurer la stricte exécution, n'est-ce pas avoir la certitude que justice va m'être rendue, et que vous allez ordonner que je sois rendu immédiatement à la liberté et à ma famille !

« Les sympathies que vous m'avez accordées en 1848 ont eu leur origine dans mon républicanisme, que j'étais heureux alors de vous voir partager. Je conserve ma foi politique au fond de ma prison; les persécutions que j'endure, loin de l'altérer, la fortifient au contraire. Si vous êtes resté l'homme de 1848, notre communauté de principes, le droit sous l'égide duquel je me place comme tous les Français, l'honneur enfin vous font un devoir, comme Ministre de la justice, de poursuivre mes persécuteurs, quels qu'ils soient, et de mettre fin à une captivité qui sera toujours la honte, l'opprobre et le crime de ceux qui l'ont ordonnée. »

Je suis, etc.

Ai-je besoin d'ajouter que ce Ministre, complice du violateur de la Constitution, au même titre que ses deux collègues de l'intérieur et de la guerre, prévaricateur comme eux, ne fit aucune réponse à cette lettre.

CHAPITRE SEPTIÈME

VII

Cent mille républicains emprisonnés. — Les Commissions mixtes comparées aux Cours prévôtales de 1815. — Rôle odieux des Commissions mixtes. — Les infirmités actuelles du suffrage universel. — Mes illusions sur les intentions du gouvernement à mon égard. — J'écris au général à ce sujet. — Sa réponse. — Inconvenances et lâchetés du préfet et du procureur de la République à mon égard. — Leçon un peu dure que j'inflige au préfet. — Une note non signée m'informe que la Commission mixte s'est occupée de moi. — La Commission mixte rend une première décision à mon sujet. — Cette décision est annulée par les trois ministres. — Ils ordonnent de me frapper plus durement. — Servilisme de la Commission. — Un gendarme m'apporte une note non signée du préfet, qui me prévient de me tenir prêt à partir le lendemain pour Brest. — Nouvelles duretés du préfet à mon égard. — Souvenir du 20 avril 1814. — Ma sortie de la prison de Saint-Lô. — J'arrive à Villedieu. — Je suis jeté dans un chenil infect. — Idée de suicide. — Mon départ précipité pour Avranches. — Excellents procédés du concierge. — Heureuse surprise causée par l'apparition et les paroles de madame Bazire. — Avanies que cela lui causa. — Louable conduite des maires de Dôle et de Lanniou et d'un maréchal des logis de gendarmerie.

Le pouvoir continuait d'allier l'imposture à la cruauté. Au moment même où il affectait de déclarer hautement dans toutes ses proclamations, dans tous ses actes publics, que la liberté individuelle était garantie à tous les Français, plus de cent mille citoyens étaient arrachés du sein de leurs familles, en violation de toutes les lois. Ils étaient emprisonnés, entassés dans les casemates des forts, dans les geôles, dans toute espèce de lieux infects, en attendant que les trop fameuses commissions mixtes décidassent de leur sort.

Les cours prévôtales de 1815 que la postérité a flétries à si juste titre, se composaient du moins de juges inamovibles, et elles avaient été instituées par ordonnance royale. Les prévenus comparaissaient devant elles assistés de leurs avocats, ils étaient entendus dans leurs moyens de défense, pouvaient réfuter les accusations portées contre eux, et finalement recevaient signification publique des jugements qui les condamnaient ou les absolvaient.

Ces cours prévotales de 1815 n'étaient rien de plus que des tribunaux d'exception. Je ne suis pas un légiste ; cependant qu'il me soit permis de les comparer à ces commissions mixtes auxquelles le gouvernement du coup d'État eut la cynique impudence de conférer le droit de disposer de la liberté de tant de Français.

Ces commissions mixtes furent composées, dans chaque département, du préfet, du général ou du colonel commandant la subdivision, et d'un procureur de la République, trois fonctionnaires dont les fonctions étaient évidemment incompatibles avec celles de juges. On ne les institua que par simple circulaire des trois ministres de l'intérieur, de la justice et de la guerre. Il n'y a pas même un arrêté, pas même une décision ministérielle, quand, pour donner à cet assemblage monstrueux une apparence d'existence légale, il eût fallu, en l'absence d'assemblée législative, un décret du président de la République. N'a-t-on pas le droit de se demander avec une douloureuse surprise comment, dans chaque département, il a été possible de trouver trois fonctionnaires occupant un rang élevé dans la hiérarchie gouvernementale, assez vils, assez dénués de conscience et d'honneur pour consentir à jouer au mépris de toutes les lois le rôle de juge, avec la terrible mission de prononcer les peines les plus graves, la peine de mort même, car, — la France le sait aujourd'hui, — la transportation à Cayenne a été un arrêt de mort pour la plupart des républicains qui en furent frappés !

Les sentences de ce nouveau saint-office étaient définitives et sans appel. Le prévenu ne comparaissait pas devant ses prétendus juges ; il n'avait nulle connaissance des faits qu'on lui reprochait ; il n'était pas admis à présenter lui-même ou à faire présenter sa défense par un avocat. Les garanties, qu'au même moment les plus féroces assassins trouvaient devant les cours d'assises, on les refusait aux défenseurs de la Constitution !

De plus, ce tribunal dérisoire se réunissant et délibérant clandestinement, ses victimes ignoraient même jusqu'au jour où l'on devait s'occuper de leur sort. Et comme ces faux juges, — qui n'avaient consenti à accepter une mission aussi déshonorante que pour sauvegarder leur part au budget, — avaient, malgré tout, le sentiment des criminelles iniquités qu'ils commettaient, soit honte, soit peur du lendemain, ils ne signifiaient jamais aucun jugement à leurs victimes. Les martyrs de la plus sainte des causes ne connaissaient leur sort qu'au moment où les gendarmes venaient les prendre aux prisons, les charger de fers, pour les conduire aux ports de mer où les attendaient les navires chargés de les jeter aux plages brûlantes de Cayenne ou d'Afrique !

Qu'il me soit permis de faire ici un simple rapprochement. En 1815, après le licenciement de l'armée de la Loire, quand les soldats qui la composaient regagnaient à pied leurs foyers, — je m'en souviens, car j'en étais, — dans presque toutes les parties de la France, ils étaient insultés, maltraités, parfois même menacés par les populations furieuses. Ils venaient cependant de verser leur sang pour la défense de la patrie attaquée par la coalition. Mais telle était la légitime haine des populations pour le despotisme napoléonien qu'on oubliait les défenseurs de la patrie pour ne voir en eux que les suppôts d'une tyrannie abhorrée.

Eh bien ! en 1852, des colonnes de transportés, chargés de fer, conduits par des gendarmes, ont traversé la France en tous sens, et partout sur leur passage ils ont reçu, malgré la terreur universelle, les marques les plus touchantes de la sympathie du peuple.

C'est que l'instinct du peuple français est réellement républicain. Qu'on lui rende toutes ses libertés, tous ses droits, on verra bien vite le suffrage universel produire des résultats bien différents de ceux qu'il a produits depuis le 2 décembre 1851 !

Le suffrage universel, tel qu'on lui a permis de fonctionner jusqu'à ce jour en France, est à peu près dans la position d'un homme qui voudrait se rendre de Toulon à Paris, et auquel on crèverait les yeux, on boucherait les oreilles, on couperait la langue, on romprait les jambes, sauf à lui dire après : Allez, marchez, vous êtes libre !

Qu'on me pardonne cette trop longue digression. Je reviens à mon récit.

Le 1er avril 1852, j'appris dans ma prison que j'avais été mis à la disposition du Ministre de la guerre. J'eus la bonhomie de supposer que le gouvernement, pour m'éloigner de la France, songeait à me donner un commandement dans quelque colonie lointaine d'outremer. Naïf que j'étais, j'attribuai au pouvoir quelques restes d'honnêteté ! J'ignorais alors que cette formule, « mise à la disposition du ministre de la guerre, » signifiait tout uniment que les déportés parmi lesquels j'allais être compris, devaient être soumis au régime militaire.

J'écrivis donc au général commandant le département de la Manche, pour le prier de me faire connaitre la solution qui me concernait. Je ne pardonne pas à cet officier supérieur d'avoir accepté d'être membre de la commission mixte, mais je dois cependant reconnaître que, contrairement à l'usage de ses complices, il s'empressa de me répondre. Je reçus la lettre suivante du capitaine Gaillard, son aide de camp :

« Colonel,

« C'est à M. le préfet, en sa qualité de président de la commission mixte du département de la Manche, qu'appartient toute initiative dans les mesures concernant les personnes justiciables de cette commission.

« Telle est, Colonel, la seule réponse qu'il me soit permis de vous faire, quant à présent, et jusqu'à l'arrivée du commissaire extraordinaire muni des pouvoirs du prince président de la République.

« Recevez, etc.

« Le général de brigade, commandant la 2ᵉ subdivision de la 16ᵉ division militaire.
« *Signé :* Lavenès. »

Le préfet Paulze d'Ivoy et le procureur de la République Duhamel, aujourd'hui président du tribunal de Saint-Lô, ne daignèrent jamais répondre à aucune de mes lettres. Pauvres gens ! s'imaginaient-ils par hasard se compromettre en m'écrivant, plus qu'ils n'étaient déjà compromis par leurs actes ? Je n'ai pas besoin de leurs signatures ; les faits sont là ; ils parlent assez haut. Qu'on supprime en France l'article 75 de la constitution de l'an VIII, et je vendrai jusqu'à ma dernière chemise pour les poursuivre devant la justice du pays !

Le procureur Duhamel m'honorait tout particulièrement de sa haine de Robin. Il me reprochait d'avoir fait un républicain dévoué de son beau-frère, le comte de Pantout, nommé par ses concitoyens, maire d'une commune importante du département, grand propriétaire, et un des hommes les plus estimables que j'aie connus. L'accusation même était ridicule, car d'après son propre dire, M. de Pantout était déjà un fervent républicain dès l'année 1825.

Que je note ici une nouvelle et bien mesquine persécution.

Le journal *la Patrie*, le seul qu'il me fût permis de lire, m'avait appris la conversion de la rente cinq pour cent. J'avais pour quelques mille francs de cette rente ; il était donc indispensable que je confiasse cette affaire à un notaire.

J'écrivis une première fois au préfet, pour lui demander l'autorisation de me laisser communiquer dans ma prison avec M. Thorel, mon notaire à Saint-Lô. Voyant que ce préfet inconvenant ne faisait pas droit à ma juste demande, je lui écrivis une seconde lettre, dans laquelle je le rappelais sèchement à l'ac-

complissement de ses devoirs, et je la terminais ainsi :
« Si, en votre qualité de préfet, vous croyez déroger
« en vous donnant la peine de répondre à un modeste
« lieutenant-colonel ; si vous restez indifférent et in-
« sensible, en ne vous préoccupant pas du règlement
« d'une affaire qui doit contribuer à assurer les be-
« soins de ma famille, n'empêchez cependant pas
« qu'elle puisse se régler promptement, ne fût-ce que
« pour me mettre en mesure d'acquitter en temps
« opportun le montant des contributions que je dois à
« l'État. »

C'est sans doute à cette dernière considération que j'ai dû la visite de mon notaire, avec lequel il me fut permis de m'entretenir, en présence d'un porte-clefs, toutefois.

Ce préfet sans vergogne finit cependant par faire un effort, — peut-être, en lui-même, pensait-il accomplir un acte de courage, — il se hasarda, le 3 avril 1852, à m'adresser, par le concierge de la prison, la note suivante, qu'il n'eut cependant pas la force de signer :

« M. le colonel Mouton a été mis à la disposition de M. le Ministre de la guerre, par un décret du 5 mars, inséré au *Moniteur* du 6, décret qui a sanctionné, en termes généraux, les décisions des commissions mixtes départementales. Ce décret a désormais acquis force de loi, et tant qu'il n'aura pas été abrogé ou rapporté, en ce qui concerne M. Mouton, aucune autorité, dans le département de la Manche, n'a qualité pour prendre aucune disposition à son égard, en dehors des ordres qui doivent être transmis du ministère de la guerre.

« Cette note est adressée au colonel Mouton, en réponse à sa lettre du 2 de ce mois au préfet de la Manche.

« Saint-Lô, le 3 avril 1852. »

Sans signature.

La lettre du général Layenès, transcrite plus haut, ainsi que la note ci-dessus du préfet Paulze d'Ivoy, indiquaient implicitement que la commission mixte départementale avait dû prononcer contre moi une peine quelconque. Mais le pouvoir, qui avait eu l'impudeur d'instituer les commissions mixtes par une simple circulaire ministérielle, avait sans doute pris la précaution, pour ne pas trop effrayer la responsabilité des fonctionnaires qui la composaient, de les dispenser de notifier leurs décisions aux victimes. C'est pourquoi j'ignorais, comme tant de milliers d'autres républicains soumis au même traitement que moi, la teneur de cet arrêt de proscription.

Je sus plus tard ce qui s'était réellement passé au sein de la Commission. Je vais le raconter, pour l'édification de mes lecteurs. Et, comme le fait est caractéristique, je dirai quelles sont mes autorités.

Un ami politique, que je nommerais au besoin, tenaît les détails qui vont suivre d'un chef de division de la préfecture de Saint-Lô, honnête et honorable citoyen, administrateur capable, qui avait été oublié dans cette officine de la réaction.

J'ajoute à cette première indication que M. de Gasté, ingénieur en chef des constructions maritimes, avait vu, à la sollicitation de ma femme, le préfet Paulze d'Ivoy, qui lui avait donné l'assurance que la commission mixte, dont il était le président, venait de me condamner à être interné à Lisieux (Calvados), ce qui était entièrement conforme à ce que j'ai su par le chef de division de la préfecture.

La commission de la Manche avait reçu des ministres l'ordre de me condamner à une peine quelconque. Elle avait cru faire acte suffisant de servilisme en me condamnant, mais en m'appliquant la peine la moins sévère. Car, en définitive, connaissant mon honorabilité, les membres de la commission avaient trouvé exorbitant, même en ce temps d'ignominies, de me frapper comme un vil criminel.

Aux termes des instructions ministérielles, mon dossier avait été transmis à Paris, avec la décision de la commission mixte. Les triomphateurs du 2 décembre, chef et valets, n'ayant pas trouvé que la commission m'eût frappé assez sévèrement, retournèrent le même jour mon dossier au préfet de la Manche, en lui déclarant qu'ils annulaient la décision prise à mon égard, et en lui ordonnant de réunir de nouveau la commission !

Ah ! Français qui me lisez ! ne reconnaissez-vous pas, dans cet acte de forfaiture, le renversement et l'anéantissement de toutes les notions de justice ? N'est-ce pas un véritable trait de vendetta corse ?

La commission mixte se réunit donc de nouveau sous la présidence du préfet. Celui-ci annonça piteusement à ses co-jugeurs qu'il fallait, apparemment pour que chacun conservât sa position dans la boutique gouvernementale, procéder à un nouveau jugement à l'égard du colonel Mouton, et le frapper, par ordre, d'une façon plus rigoureuse.

Ces trois valets se regardèrent un instant sans oser se communiquer leurs impressions. Leur surprise et leur embarras étaient grands. Le préfet rompit le silence, et proposa la peine de la transportation. Le général et le procureur approuvèrent d'un signe de tête !

Je ne ferai pas de réflexions ; je n'aurai pas un mot de flétrissure pour cette parodie de jugement ! Il me suffit de penser à l'indignation des honnêtes gens qui lisent ces lignes. C'est là ma vengeance.

Comme je l'ai dit plus haut, je savais, par la note du préfet, qu'une décision avait été prise à mon égard ; mais j'ignorais encore ce qu'on allait faire de moi, quand le dimanche, 19 avril 1852, un maréchal des logis de gendarmerie, en grande tenue, vint dans ma prison, très-respectueusement, chapeau bas, me lire à haute voix la note suivante du préfet, non signée, comme de coutume :

« Prévenir M. le colonel Mouton que, demain, 20 avril 1852, il partira, sous l'escorte de la gendarmerie, pour être conduit, de brigade en brigade, à Brest, où il sera mis à la disposition du préfet maritime. »

Le maréchal des logis ajouta qu'on viendrait me prendre le lendemain à cinq heures du matin.

Qu'allais-je devenir à Brest? Sur quel point du globe allait-on me diriger? Allait-on me loger au bagne? Je l'appréhendais, sachant mes persécuteurs capables de tout. Cette incertitude était accablante, après tout ce que j'avais déjà souffert. Cependant, ce que j'avais enduré jusqu'à ce jour n'était rien, en comparaison de ce que mes persécuteurs réservaient à mes vieux ans.

Je tentai une dernière fois de faire appel aux sentiments d'humanité du préfet Paulze d'Ivoy. Je croyais encore trouver un cœur chez cet homme, quelque égaré qu'il pût être par ses passions politiques ou par les soucis de son intérêt personnel.

Je lui écrivis, pour lui demander de me dispenser de voyager par étapes, sous l'escorte de la gendarmerie, et de m'éviter par là de me faire coucher dans dix prisons différentes, où la plupart du temps je ne trouverais que les cabanons destinés aux forçats et la promiscuité avec les malfaiteurs de la pire espèce. Mes cinquante-six ans d'âge, le grade que j'avais occupé militaient assez en ma faveur pour qu'on ne me traitât pas plus durement qu'on n'avait traité les généraux et colonels ou représentants du peuple qui avaient été arrêtés pour la même cause que moi dans la nuit funèbre du 2 décembre.

Ce préfet, âme de laquais, ne daigna pas me répondre. Il se borna à me faire dire, par le concierge de la prison, *qu'il ne pouvait rien faire pour moi*. Le misérable s'imaginait-il parler à un mendiant qui serait venu à sa porte implorer sa charité ?

Ceci, dis-je, se passait le 19 avril 1852 ; je devais partir enchaîné le lendemain, 20 avril.

Qu'on me permette ici une réminiscence. Le lecteur pardonnera ces digressions dans le passé. Mon âge les excuse.

Le 20 avril 1814, trente-huit ans avant, jour pour jour, comme sous-officier des grenadiers de la vieille garde impériale, je faisais partie des deux bataillons qui reçurent les adieux de l'empereur Napoléon, dans la cour du *Cheval-Blanc*, au palais de Fontainebleau, lors de son départ pour l'île d'Elbe.

Ce grand homme déchu put apprécier, dans ce triste jour, les effets de la morale politique que, pour fonder son despotisme, il avait préconisée.

Il ne se trouvait pour recevoir ses adieux que des officiers de compagnie, des sous-officiers, des soldats, quelques officiers supérieurs à peine, et un seul général.

Ses maréchaux, ses généraux, qu'il avait gorgés d'or, de titres et de faveurs, ne se préoccupaient déjà que de faire leur cour au pouvoir naissant.

Le peuple de l'armée seul restait fidèle, même dans le malheur, au grand capitaine qu'il n'avait connu qu'à travers un mirage trompeur. Je faisais partie de cette plèbe militaire. Imbu des notions d'une histoire mensongère qui m'avait été apprise au lycée, je partageais alors les opinions de mes compagnons d'armes. J'aimais et j'admirais Napoléon, quand je n'aurais dû le considérer que comme un tyran, oppresseur de mon pays, qui avait sacrifié les grands intérêts de la France à d'égoïstes et mesquins calculs dynastiques.

Dans mon idolâtrie du grand guerrier, je ne voyais pas alors ce que l'expérience m'a fait envisager depuis. Je ne me rendais pas compte des funestes résultats de l'attentat du 18 brumaire. Acteur et témoin de nos désastres, je ne songeais cependant pas à me dire que si les destinées glorieuses de la République eussent été confiées à un Hoche ou tout autre républicain sincère, au lieu d'être livrées à ce Corse, la France libre n'eût pas été réduite à sacrifier des millions de ses enfants pour quel résultat? la perte des conquêtes républicaines et la honte de deux invasions!

Mais au moment où nous recevions les adieux de

Napoléon 1er à Fontainebleau, j'ignorais encore complétement ces choses. Je partageais le fanatisme napoléonien dont les soldats de cette époque étaient enivrés. Ces adieux furent déchirants, navrants pour mon cœur. Mes yeux versèrent des larmes abondantes; les sanglots m'étouffaient, quand j'entendis mon empereur dire, d'une voix émue : *Je voudrais vous embrasser tous, mais je ne le puis. Approchez général.* (Il embrassa le général Petit.) *Qu'on m'apporte l'aigle !* (Il la baisa). *Que ces baisers retentissent dans le cœur de tous les braves ! Adieu ! mes enfants !*

Qui m'eût dit alors que trente-huit ans plus tard, jour pour jour, un neveu de Napoléon 1er, foulant aux pieds toutes lois, violant le serment prêté à une République qui lui avait ouvert les portes de la patrie, me ferait, pour prix de mes services, traiter illégalement comme le dernier des galériens !

Le 20 avril 1852, à cinq heures du matin, les chevaux de quatre gendarmes et d'un brigadier piaffaient à la porte de la prison. On m'en fit sortir pour monter sur une petite charrette à deux roues qui avait pu servir la veille à transporter des filles publiques ou des voleuses condamnées à la réclusion.

Les gendarmes, généralement plus humains que mes persécuteurs de Paris, n'osèrent pas me poser les menottes ! Ils firent bien, car mon parti était pris. Je me serais fait couper en morceaux plutôt que de souffrir cette humiliation, que cependant tant de milliers de citoyens, souffrant pour la même cause, ont bien été forcés de subir.

Me voilà donc parti. Pour où? je n'en savais rien. Était-ce pour une terre d'exil? On n'avait pas jugé à propos de me le faire connaître.

Les ordres les plus sévères avaient été donnés pour éviter sur mon passage tous rassemblements; on avait pris toutes les précautions pour cacher au public le jour de mon arrivée à chaque lieu d'étape.

Malgré le secret recommandé aux agents du pouvoir, la nouvelle de mon passage se répandit à Ville-Dieu, premier gîte vers lequel nous nous dirigeâmes.

C'était un jour de marché. Il y avait une grande affluence. Mon entrée dans cette ville causa une véritable sensation. Aucun cri ne fut proféré, mais chacun se découvrit sur mon passage.

Le maréchal des logis de la gendarmerie de cette résidence, le seul militaire de cette arme qui m'ait manqué d'égards et de respect pendant le trajet de Saint-Lô à Brest, me fit entrer, sans que je m'en doutasse, dans un véritable chenil de quatre mètres carrés, n'ayant ni banc, ni chaise, trop bas pour me permettre de me tenir debout, et où j'étais forcé de m'asseoir ou de me coucher sur un tas de paille passé presque à l'état de fumier.

J'ai dans le cours de ma longue carrière subi bien des privations; j'ai bien souvent couché sur une terre humide, dans la boue, sur la neige à demi fondue ou glacée, sous une pluie battante; mais c'était pour accomplir mes devoirs de soldat. Aussi ai-je toujours supporté ces misères avec courage et résignation. Mais à Ville-Dieu, quand je me vis traité avec moins de ménagements qu'un animal immonde, je maudis hautement mes persécuteurs. Des pensées sinistres traversèrent mon esprit, et, sans que mon moral se fût affaibli, pour la première fois de ma vie je pensai au suicide. Si j'avais eu à ma disposition quelque moyen de faire du feu, j'aurais fermé hermétiquement la lucarne de mon bouge, mis le feu à la paille la moins humide, et les gaz méphitiques n'auraient pas tardé à m'asphyxier.

Le gouvernement des sept millions cinq cent mille suffrages aurait eu un cadavre de plus à inscrire sur son catalogue!

Je gémissais depuis environ quatre heures dans ce lieu infect, exposé aux plus sinistres pensées, lorsque j'entendis quelqu'un tirer le verrou de la porte. Mon parti fut bientôt pris. Au risque de mes jours, je résolus de sortir de ce chenil pour n'y plus rentrer vivant.

La porte s'ouvrit, et j'entendis ces mots du maréchal des logis : « Mon colonel! » — « Comment, m'écriai-je, pouvez-vous m'appeler votre colonel en me traitant de la sorte? Et cela quand vous savez bien que vous avez devant vous un innocent, un défenseur du droit, une des victimes *d'un grand coupable!* D'ailleurs je ne rentrerai pas dans ce lieu dégoûtant, coûte que coûte. »

Et sortant brusquement, je me dirigeai vers la caserne de la gendarmerie. C'est alors, qu'à ma grande surprise, ce sous-officier déshonoré me demande dix francs, si je voulais être conduit, le même jour, dans la prison d'Avranches. — « Tenez, misérable, lui dis-je, en jetant deux pièces de cinq francs à ses pieds. » Et j'entrai dans sa chambre. Sa femme, honnête personne, eut pour moi mille attentions. C'est à ses bons procédés que son triste mari a dû plus tard de ne pas être l'objet d'une plainte de ma part, à cause des dix francs que les règlements militaires lui interdisaient de recevoir. Mais les conséquences de sa disgrâce eussent été partagées par sa femme. Cette considération m'arrêta.

J'appris un peu après par un gendarme de la brigade, indigné de la conduite de son chef à mon égard, que l'autorité supérieure de Ville-Dieu, craignant une démonstration populaire en ma faveur, avait ordonné de me diriger immédiatement sur la prison d'Avranches. Le maréchal des logis n'était donc pour rien dans cette mesure dont je venais de lui payer le prix !

Un gendarme m'invita très-respectueusement à le suivre, et, pour éviter de me laisser voir par les personnes qui composaient un rassemblement considérable, formé devant la caserne de la gendarmerie, il me fit passer par des sentiers ombragés pour rejoindre la grande route, à environ trois kilomètres du bourg. Une petite charrette et les gendarmes d'escorte m'attendaient là.

Nous arrivâmes à Avranches à la nuit tombante ; je ne fus reconnu par personne dans le trajet pour me rendre à la prison, sans quoi j'aurais indubitablement éveillé bien des sympathies dans une ville où la jeunesse républicaine m'avait fait de si cordiales réceptions dans diverses occasions récentes.

Le concierge de la prison, ancien militaire, fort brave homme, fidèle à sa consigne comme beaucoup de ses collègues, ne manqua pas de m'engager à m'adresser directement au Président de la République qui, disait-il, devait, en compensation de ma soumission, ordonner ma mise immédiate en liberté. Je rejetai avec mépris une telle proposition. Plus que jamais j'étais résolu à tout souffrir plutôt que m'humilier devant l'homme du 2 décembre.

Cet honnête concierge, humain et convenable comme le furent d'ailleurs tous ceux que je trouvai dans les diverses prisons entre Saint-Lô et Brest, s'excusa de ne pouvoir me tenir compagnie dans la chambre qu'il mit à ma disposition ; mais pour me procurer quelques distractions, bien précieuses dans ma position, il autorisa ses deux charmantes filles à dîner à la même table que moi, et à passer la soirée avec le vieux prisonnier. Quel contraste entre ces quelques heures de soirée à Avranches et celles que je venais de passer dans le chenil de Villedieu ! J'étais si malheureux depuis quatre mois que tout ce qui pouvait me rappeler la vie de famille me causait un sentiment de joie attendrie que pourront comprendre ceux-là seuls que des circonstance pareilles ont séparés de leurs femmes et de leurs enfants.

La prison d'Avranches a sa sortie dans une rue fort étroite. A cinq heures du matin je montai en charrette. Plusieurs citoyens, instruits de mon départ, m'attendaient à la porte de la prison. A mon apparition, tous se découvrirent en me jetant des regards d'une silencieuse sympathie. Ce silence ne s'expliquait que trop par les violences gouvernementales qui terrorisaient le pays. Une seule parole d'affection qui m'eût été adressée par un citoyen pouvait l'exposer à l'exil ou à la transportation.

La charrette s'était à peine mise en route, que j'entendis une voix douce et sympathique, partie d'un premier étage, me crier : « Adieu brave et honorable colonel Mouton, Dieu vous protégera ! » Je levai la tête aussitôt et je reconnus, à ma grande surprise et avec un véritable bonheur, madame Bazire et sa jeune fille. Je m'empressai de me découvrir et de saluer ces dames de manière à leur témoigner ma vive gratitude. Madame Bazire, veuve depuis un mois à peine d'un honnête et honorable citoyen, était sans contredit une des femmes les plus distinguées de la basse

Normandie, remarquable par son instruction autant que par sa rare beauté. Elle avait quelquefois fourni à mon journal, *la République du peuple*, des articles que j'insérais avec empressement et que les abonnés lurent toujours avec plaisir.

Quand nous fûmes hors la ville, le maréchal des logis de l'escorte s'approcha de la charrette, et me demanda d'un ton patelin le nom de la dame qui s'était levée d'aussi bonne heure pour me faire ses adieux. « Escortez-moi, lui dis-je, puisque vous avez accepté cette mission, mais dispensez-vous de m'adresser une aussi inconvenante question. » Le gendarme ne souffla aucun mot et reprit sa place dans l'escorte.

Rendu en Afrique, je reçus de madame Bazire une lettre que je conserve, et que je n'ai jamais lue sans verser des larmes. Elle me racontait toutes les tracasseries, toutes les vexations que lui firent subir les agents du pouvoir pour le crime d'avoir suivi les inspirations de son bon cœur et de sa belle âme en adressant quelques paroles de consolation à une victime de la cause républicaine. Sa demeure avait été envahie, bouleversée et fouillée de fond en comble par la police ; le linge et les vêtements à peine refroidis de son mari avaient été remués scandaleusement sous ses yeux, sous prétexte de perquisition. Peu ne s'en était fallu que cette excellente dame ne fût emprisonnée et transportée comme tant d'autres mères de famille dont j'aurai à parler plus tard.

Je passerai rapidement sur les détails de ma triste odyssée de Saint-Lô à Brest; je craindrais, en y insistant, d'abuser de la patience du lecteur. Il me suffira de dire qu'il m'a fallu parfois reposer ma tête dans des cabanons qui n'étaient ordinairement occupés que par des forçats qu'on envoyait au bagne; que, par contre, je rencontrais aussi parfois des hommes, de véritables citoyens français, qui, méprisant la terreur bonapartiste, ne craignaient pas de venir dans ma prison, de m'offrir leurs services, et de me témoigner leurs cordiales et vives sympathies. Au nombre de ces courageux patriotes, je me plais à placer en première ligne les maires de Dol et de Lanion. Je regrette de ne pouvoir citer leurs noms; mais si ce modeste ouvrage tombe entre leurs mains, qu'ils y lisent l'expression de ma vive reconnaissance.

Je ne dois pas non plus oublier de mentionner ici la généreuse et loyale conduite d'un brave maréchal des logis de gendarmerie, alors en résidence à Landerneau.

Si jamais vous passez par cette ville, donnez-vous la peine, lecteur, d'aller visiter la prison. Si aucune amélioration n'y a été apportée depuis 1852, vous y pourrez voir la plus dégoûtante collection de cabanons humides, sales, infects, que puisse offrir prison au monde.

C'était dans un de ces bouges immondes qu'il me fallait passer la nuit et une partie du jour de mon arrivée, et cela sous prétexte de me délasser des fatigues et des insomnies des jours précédents!

Le concierge de la prison, qui ne disposait que d'un petit cabinet pour lui et sa femme, se voyant dans l'impossibilité de m'offrir un autre logis qu'un de ces hideux cabanons, manifesta une confusion et un chagrin de nature à faire honte aux cyniques persécuteurs de Paris.

Le maréchal des logis de gendarmerie, non moins affecté de me voir dans une telle situation, ne put contenir l'expression de ses sentiments d'honnête militaire, révolté de voir traiter ainsi un officier français coupable d'avoir été fidèle aux lois de son pays.

— « Colonel! me dit-il, je souffre horriblement en voyant un militaire de votre rang, un innocent, traité comme un forçat. Je suis marié, mon logement se compose de deux chambres, j'en mets une à votre disposition pour cette nuit. Acceptez ma proposition, je vous prie. Un refus de votre part me désobligerait, et au contraire votre acceptation m'honorerait infiniment. » — « Je suis profondément touché de l'offre généreuse que vous me faites, lui dis-je, maréchal des logis ; et c'est parce que j'apprécie vos bons sentiments que je ne consentirai jamais à vous compromettre. Car, par le temps qui court, cette bonne action vous serait imputée à crime. Vous pourriez briser ainsi l'avenir de votre carrière militaire. »

Je refusai donc son offre, malgré de nouvelles instances. La nuit que je passai devant la porte de l'un des cabanons fut néanmoins adoucie pour moi par la pensée que je m'imposais volontairement cet ennui pour ne pas compromettre un honnête homme. Honneur à ce loyal militaire ! Je souhaite que ces lignes passent sous ses yeux. Elles lui rappelleront qu'il fut humain et bon, en un temps où tant d'autres étaient méchants et barbares.

CHAPITRE HUITIÈME

VIII

Arrivée à Brest. — Mon ancien camarade, le colonel Simonet. — Le préfet me refuse un entretien. — On m'annonce qu'on va m'embarquer sur le vaisseau *le Duguesclin*. — Arrivée sur le *Duguesclin*. — Le capitaine Mallet, un autre de mes anciens camarades, devenu notre geôlier. — Apostrophe du capitaine de frégate Picard, et ma réplique. — Descente dans la batterie basse du vaisseau. — Impression produite par l'aspect de cet enfer. — Manque de lumière et d'air respirable. — Etat maladif des prisonniers. — Souffrances inouïes. — Je rencontre plus de 200 citoyens de la Nièvre. — Entrevue avec le capitaine Mallet. — Haine des marins pour le capitaine Mallet. — Légères améliorations apportées à notre régime. — Nobles paroles du médecin en chef. — Action louable de M. Lejeune, mon ancien officier d'ordonnance. — Conduite indigne du capitaine Mallet. — Composition des détenus. — Forçats placés au milieu de nous. — Notre indignation. — Projet de révolte. — Férocité du lieutenant Fabre. — Nous croyons partir pour Cayenne. — Notre joie à cette pensée.

Parti de grand matin de la prison de Landerneau, j'arrivai de bonne heure à Brest. Que de souvenirs se présentèrent à mon esprit en revoyant des lieux où jeune officier j'avais tenu garnison trente-trois ans auparavant ! Je revoyais mon insouciante jeunesse, ma vie de plaisirs et de gaieté dans cette même ville où je faisais mon entrée, escorté par des gendarmes, comme un criminel et ignorant encore à quelle peine les puissants du jour m'avaient condamné !

La place de Brest était alors commandée par un de mes anciens camarades de l'ex-garde impériale, le colonel Simonet. Il eut l'attention d'envoyer à ma rencontre un de ses adjudants de place, pour me renouveler l'expression de son ancienne amitié et pour s'informer de l'état de ma santé. Il aurait pu venir lui-même me serrer la main ; il s'en dispensa, et il fit bien. Car, père de plusieurs enfants, il aurait pu, dans ces temps d'iniquité, encourir une disgrâce, voir briser sa carrière, s'il eût cédé au désir d'adresser de vive voix un mot de sympathique adieu à son vieil ami, proscrit par les triomphateurs de décembre !

On me conduisit à la préfecture maritime. J'y trouvai un secrétaire principal que je priai de vouloir bien prévenir le préfet maritime que je désirais obtenir de lui l'honneur d'une audience.

Un instant après, le major général de la marine vint à moi. Le préfet, me dit-il, étant occupé dans ce moment, ne pouvait m'accorder cet entretien; mais lui avait donné mission de le remplacer auprès de moi.

Bon ! me dis-je, encore un haut fonctionnaire qui s'efface ! Il consent bien, comme tous les autres, à servir le coup d'État afin de conserver ses appointements; mais il ne serait pas fâché de me persuader qu'il n'est pas responsable pour sa part des iniquités commises !

Tout en faisant, à part moi, ces réflexions, je m'adressai ainsi à mon interlocuteur :

« Puisque vous avez le pouvoir de m'entendre, monsieur le Major général, veuillez donc enfin me dire pourquoi et par quel caprice on se joue ainsi de ma liberté, pour quel motif on me fait ainsi mourir à petit feu ? Où prétend-on m'envoyer ? »

Le major ne sut que me répondre ; il balbutia quelques paroles incohérentes, s'excusa en m'assurant qu'il n'avait pas caractère pour répondre à mes questions, et finit par me dire, pour se débarrasser de moi, qu'on allait m'embarquer sur le vaisseau *le Duguesclin*, et que M. Mallet, le commandant, pourrait sans doute m'apprendre ce que je désirais connaître. Et il rentra dans ses appartements. On me conduisit aussitôt sur le port, à la cale la Rose, d'où une embarcation devait me transporter à bord du vaisseau, mouillé en rade, à huit kilomètres du port.

Je demeurai sur la cale au moins une heure, pour donner le temps de préparer l'embarcation. On ne permettait à personne de s'approcher. De nombreux factionnaires maintenaient le public à distance. Un de mes parents, à qui plus tard le préfet maritime refusa sèchement l'autorisation de me venir voir au *Duguesclin*, se trouvait au nombre des curieux ; à peine put-il m'apercevoir de loin et écrire aux miens que je n'étais pas mort.

Comme on le voit, je continuais d'être traité plus

durement qu'un galérien, puisqu'on ne permettait même pas à un parent de me serrer la main.

Je montai sur l'embarcation ; elle s'éloigna du port. Je quittai le rivage de ce noble et malheureux pays de France, naguère si grand et si libre, que je ne devais revoir qu'après treize années de proscription.

En approchant du vaisseau *le Duguesclin*, j'entendis un grand bruit. J'avais été reconnu ; mon nom était prononcé, et bien des voix s'écriaient : C'est le colonel Mouton ! C'est le colonel Mouton !

Je gravis rapidement les marches d'un escalier, et je me trouvai sur le pont d'un beau vaisseau de ligne, sans me douter encore que ce magnifique navire devait être pour des milliers de citoyens et pour moi un lieu d'affreuses privations et de souffrances inouïes, qui devaient le transformer en tombeau pour beaucoup d'entre nous.

Ma feuille de conduite avait été soumise au geôlier du bord, qui n'était autre que le capitaine de vaisseau Mallet, afin qu'il me portât sur son livre d'écrou.

Avant d'aller plus loin, et de reprendre le récit de ce qui me concerne personnellement, qu'on me permette de m'expliquer sur le compte de Mallet. M. Hippolyte Magen, qui avait habité ce maudit vaisseau avant moi, présente dans son livre (1) le capitaine

---

(1) Ouvrage publié à l'étranger et bien connu de tous les anciens exilés.

Mallet comme un homme rempli de bienveillance et de sentiments d'humanité pour les défenseurs du droit dont il consentait pourtant à devenir le geôlier.

M. Hippolyte Magen, je m'empresse de le déclarer, fait dans son intéressant ouvrage une narration navrante et véridique des maux qu'il a soufferts avec ses compagnons d'infortune à bord du *Duguesclin*.

Mais qu'il me permette de ne pas partager son opinion sur le compte de Mallet. La conduite inhumaine de cet homme envers mes compagnons d'infortune et moi, pendant tout le temps que j'ai été son pensionnaire forcé, n'a pu m'inspirer que dégoût et mépris.

Certes, le fait seul d'avoir accepté la mission de transporter à Cayenne ou en Afrique des citoyens victimes d'un odieux attentat, suffirait pour flétrir le nom du capitaine Mallet. M. Magen le reconnait comme moi. Mais Mallet ne s'est pas borné là. Cet officier supérieur a compromis à jamais l'honneur de son épaulette en conservant le commandement d'un vaisseau transformé en *carcere duro*, qui, pendant près de six mois, mouillé, immobile, dans la rade de Brest, fut plus qu'un bagne, un horrible lieu de torture pour des milliers de citoyens dont Mallet connaissait bien certainement la parfaite innocence. De ce rôle odieux de geôlier politique, Mallet ne déclina aucune des ignobles obligations; il lisait toutes les lettres que les patients de son bord écrivaient ou recevaient; il avait ses espions parmi eux ; il ne craignait pas de confondre ses prisonniers avec des forçats, — je le prouverai plus loin ; — il ne leur permettait pas de se procurer, en payant, un peu de vin pour suppléer à la nourriture malsaine et insuffisante qu'il leur fournissait.

Mais ce que je vais retracer permettra au lecteur de compléter son appréciation de ce triste personnage.

Pendant que l'on m'inscrivait sur le registre d'écrou, j'étais demeuré debout sur le pont, au bas de la dunette. Je m'entendis tout à coup interpeller sur un ton insolent par le capitaine de frégate du bord, nommé Picard : Que faites-vous là ? — Je n'en sais rien, lui répondis-je avec calme, et apparemment que, quant à vous, vous n'avez pas le sentiment de ce que vous faites, puisque vous vous permettez de m'apostropher ainsi.

Cet officier malappris, véritable tête de boule-dogue hargneux, rentra dans sa tanière, sans répondre. Je me figure qu'il dut être quelque peu honteux de l'inconvenance qu'il s'était permise envers un homme qui était après tout un officier de son grade.

Une minute après, le capitaine d'armes du vaisseau me remit une couverture grossière, et m'invita à descendre avec lui dans la batterie basse. Je le suivis. Là s'offrit à mes yeux une masse d'êtres humains, grouillant dans une mare d'ordures qui répandaient une odeur infecte et méphitique. Ces malheureux étaient déjà au nombre de 550, si serrés les uns contre les autres qu'ils pouvaient très-difficilement s'asseoir ou se coucher sur le plancher. Arrachés pour la plupart du sein de leurs familles depuis trois ou quatre mois, sans qu'il leur eût été permis de se munir de linge et de vêtements de rechange, ils étaient couverts de hardes horriblement sales et tombant en lambeaux. Tous étaient rongés par la vermine, et un grand nombre d'entre eux étaient dévorés par la gale.

Cette agglomération d'hommes de tout âge et de toute condition, amaigris par la misère, les privations et les chagrins, présentaient une sinistre collection de figures hâves, d'yeux ternes et abattus. Beaucoup d'entre eux, pères de famille, étaient accablés par la pensée navrante que, privés de soutien, leurs femmes, leurs enfants mouraient peut-être de faim loin d'eux, et cela au moment même où eux étaient en proie à un supplice affreux ! Ces hommes étaient cependant les défenseurs de la loi violée !

Les sabords du navire étaient fermés, le demi-jour qui éclairait la batterie basse provenait uniquement des hublots (1) qui restaient seuls ouverts, et qui permettaient à une petite quantité d'air extérieur de pénétrer dans ce bouge.

La batterie ne contenait aucune pièce de canon, mais sa surperficie était considérablement réduite par le grand nombre de caissons en fer battu servant à con-

---

(1) Trous pouvant avoir 6 centimètres de diamètre et se trouvant un peu au-dessus de la flottaison ordinaire.

tenir l'eau douce nécessaire pour les longues traversées. De sorte que d'après un calcul exact, fait par des ingénieurs qui se trouvaient au nombre des prisonniers, nous n'avions chacun, dans cet antre de désespoir, que trois mètres cubes quatre-vingt-dix centimètres d'air respirable par vingt-quatre heures.

Chacun sait que dans toutes les prisons que l'on construit, on calcule l'espace de façon à donner à chaque prisonnier dans sa cellule au moins douze mètres cubes d'air respirable. Celui que nous respirions dans la batterie basse du *Duguesclin* était donc tellement insuffisant et vicié qu'aucun de nous n'aurait échappé à la mort, si deux fois par jour, quelque temps qu'il fît, nous n'eussions été conduits sur le pont, escortés par de nombreux gendarmes, pistolets chargés et armés dans chaque main. Mais ce brusque passage d'un air épais, suffocant, humide et chaud au vent froid, et souvent violent, qui se fait ordinairement sentir dans la rade de Brest en avril, ne nous sauvait d'une mort prompte que pour nous exposer à prendre les germes de maladies cruelles. Malheur à ceux de nous dont la poitrine était tant soit peu délicate! Nous étions tous atteints de catarrhes pulmonaires. La nuit, les quintes de toux exténuantes, les expectorations purulentes continuelles ne permettaient à aucun de nous de jouir des moindres instants de sommeil paisible. La moitié des détenus couchait dans des hamacs sous lesquels dormait l'autre moitié. Ces derniers avaient pour tout lit un plancher humide et gras d'ordures ; dans cette ignoble entassement, dans cette promiscuité d'hommes malades, ils étaient forcément exposés à recevoir les déjections de ceux qui couchaient au-dessus d'eux (1).

Je m'estimai très-heureux qu'un enfant de quatorze ans, originaire de la Nièvre, proscrit comme nous, m'eût forcé en quelque sorte d'accepter son hamac.

Je parvins, plus tard, à force d'argent à me procurer de la pommade camphrée. C'est à la précaution que j'ai prise chaque soir de m'en couvrir soigneusement que j'ai dû de me préserver des maladies cutanées qui rongeaient la plupart de mes compagnons de malheur.

Pendant mes campagnes de guerre il m'était arrivé souvent d'éprouver la faim, la soif, la privation du sommeil. J'en avais parfois bien souffert, mais il appartenait au geôlier Mallet de me faire endurer, ainsi qu'aux milliers de républicains, qui ont séjourné successivement à bord de son vaisseau, cet horrible supplice, la privation d'air respirable pendant de longues nuits !

---

(1) Pendant mon séjour en Afrique, la douceur du climat d'Alger comparé à celui de la basse Bretagne, eût bien vite apporté une amélioration sensible dans l'état de ma santé; cependant je n'ai jamais pu guérir complétement les catarrhes que j'ai contractés à bord du *Duguesclin*. Aujourd'hui même, indépendamment de mes 75 ans, c'est la seule infirmité avec laquelle il me faille compter chaque hiver.

Il faut y avoir été soumis pour se rendre compte des souffrances atroces qui en sont la conséquence.

Cette privation était surtout insupportable pour les hommes de mon âge, de ma corpulence et de mon tempérament sanguin. A chaque instant de la nuit je me sentais mourir d'asphyxie, je ne parvenais à me ranimer qu'en allant, à mon tour, respirer, ou pour mieux dire, pomper un peu d'air extérieur à l'orifice d'un hublot. Sans cette ressource nous serions bien certainement tous morts étouffés sous le salon doré de notre barbare geôlier.

Ah ! Je maintiens hautement cette épithète : Mallet l'a méritée ! Quel motif avait-il de nous priver d'air? Ce n'était pas crainte d'évasion. Le vaisseau était mouillé en rade, à plus de six kilomètres de toute terre ; pendant la nuit, outre les sentinelles, plusieurs chaloupes, montées par des gendarmes, faisaient de constantes rondes à l'extérieur du bâtiment ; tout essai de fuite eût été folie.

Pourquoi donc alors ne pas laisser quelques sabords ouverts par lesquels l'air eût pu se renouveler dans la batterie basse. Le capitaine Mallet exerçait-il cette cruauté par ordre supérieur, ou par haine personnelle des républicains. Peu m'importe, dans l'un ou l'autre cas, il ne mérite pas moins l'opprobre de tous les honnêtes gens.

J'ai oublié de mentionner ce souvenir qu'en entrant dans la batterie basse du vaisseau maudit, au milieu de cette fourmilière de victimes, je fus reconnu par plus de 200 républicains du département de la Nièvre. La plupart avaient été de mes anciens électeurs ; ces bons citoyens étaient fiers, autant que moi, de pouvoir me serrer la main. Nous nous retrouvions dans une déplorable situation, mais du moins fidèles à l'honneur et à nos convictions.

Une rencontre d'ancienne connaissance qui m'a été aussi antipathique que la précédente m'avait été agréable, fut celle de Mallet lui-même. Je l'avais connu dès l'année 1819. Il était alors aspirant de marine à Brest ; je m'y trouvais en garnison à la même époque dans la légion de Maine-et-Loire, où je servais comme sous-lieutenant. Jeunes gens de même âge et de même grade, nous nous fréquentions beaucoup. Bien souvent nous avions fait des parties de natation dans cette même rade de Brest.

Un peu plus tard, pendant la guerre de 1823, en Espagne, après la bataille de Campillo d'Arena, le 24ᵉ régiment de ligne, dont je faisais partie en qualité d'officier de grenadiers, fut appelé à Cadix pour prendre part au siège de cette place. Le régiment s'embarqua à bord de la frégate *la Guerrière*. J'y retrouvai Mallet, enseigne de vaisseau. Je renouvelai avec plaisir ma connaissance avec lui.

Notre troisième rencontre fut celle du *Duguesclin* ; mon ancien camarade était officier supérieur, comme moi ; mais il était mon geôlier. Singulière issue de nos deux carrières !

Peu de temps après mon entrée dans la batterie basse, péniblement impressionné par le spectacle hideux qui s'offrait à mes yeux, et me rappelant mes anciennes relations avec Mallet, je priai un gendarme d'aller lui dire que le colonel Mouton désirait avoir un entretien avec lui.

Le capitaine d'armes vint quelques instants plus tard me prendre, pour me conduire dans le salon du commandant. Je le trouvai mollement étendu sur un fauteuil à la Voltaire. Il répondit à mon salut sans daigner se lever, ni me dire de m'asseoir. Je lui demandai d'abord s'il me reconnaissait. Après sa réponse affirmative, je fis rouler un fauteuil et je m'assis près de lui. Il sentit son inconvenance, rougit presque, et s'apprêta à me répondre.

« Vous êtes-vous bien rendu compte, lui dis-je, de l'état affreux des citoyens que vous avez consenti à détenir prisonniers à votre bord ? Avez-vous bien calculé les effets de la terrible responsabilité que vous assumez en martyrisant des hommes qui ne sont autres que les défenseurs de la Constitution ? — Ici, il m'interrompit. « Je vous reconnais parfaitement, me dit-il, mais en définitive, ce n'est pas ma faute si vous êtes confondu aujourd'hui avec des gens de la pire espèce. »

Ces dernières paroles me blessèrent profondément,

Incapable de maîtriser mon indignation : « Eh ! monsieur, ripostai-je, aucun des hommes sur lesquels vous vous permettez de déverser ainsi votre mépris ne consentirait même, pour être libre et revoir sa famille, à remplir la triste fonction que vous avez acceptée. »

Cette sortie l'abasourdit. Il ne sut que répondre. Et pour mettre fin à cette conversation : — « Que réclamez-vous enfin ? » me dit-il, avec emportement.

— « Je vous réclame des sentiments d'humanité et de l'air, entendez-vous ! De l'air respirable pour tous, afin que je puisse en prendre ma part ! »

Alors se calmant un peu, il m'offrit de me faire renfermer dans un cabinet, sous clef, au fond de cale, où sans doute je serais privé de toute lumière, mais où, du moins, je pourrais obtenir plus d'air respirable que dans la batterie basse. Je lui fis comprendre que je n'étais pas venu près de lui pour réclamer une faveur personnelle, mais bien pour lui parler au nom de tous mes co-détenus, et qu'aucune considération, même celle de la conservation de ma santé, ne me ferait accepter une position exceptionnelle : « Je suis avec des hommes qui souffrent pour la même cause que moi ; je mourrai avec eux s'il le faut. Faites ouvrir quelques sabords de la batterie basse ; vous n'aurez pas fait un grand effort d'humanité, mais vous sauverez peut-être la vie à quelques pères de famille. » Et sur ce, je me retirai.

Le sous-officier qui me reconduisait ne put s'empêcher de me dire : « Colonel ! j'ai pu entendre une partie des paroles que vous avez dites au commandant; mais croyez-moi, s'il est dur et cruel pour vous tous, il n'est pas tendre pour l'équipage dont il est bien cordialement détesté (1). »

Le lendemain, sans que j'eusse fait part à personne de ma conversation avec M. Mallet, tout l'équipage et mes compagnons d'infortune ne s'entretenaient que de ce dialogue.

Je n'ai jamais eu la prétention d'attribuer à mon entrevue avec le commandant Mallet, le mérite de deux améliorations obtenues en notre faveur. Mais mes co-détenus étaient tous persuadés qu'ils les devaient à mon initiative.

On fit en effet ouvrir trois sabords à bâbord et trois à tribord de la batterie basse pendant le jour; mais notre supplice demeura le même pendant la nuit.

Nous étions, en outre, condamnés à ne boire que de l'eau. Quelques jours après celui de ma visite à M. Mallet, on fit distribuer par jour un cinquième de

---

(1) Je dois mentionner ici que le commandant Mallet, soit par indifférence pour la santé de ses prisonniers, soit par la peur qu'il pouvait avoir de contracter une des maladies dont un grand nombre d'entre nous étaient atteints, n'a jamais eu le courage ou l'humanité de descendre dans la batterie basse du vaisseau pour se rendre un compte exact de notre pénible situation.

litre de vin à chaque détenu. C'était beaucoup pour des hommes dans notre triste position. Notre nourriture était si mauvaise et si intolérable pour nos estomacs, que ceux auxquels la maladie n'avait pas encore enlevé tout appétit ne vivaient guère que de pain et d'eau. Les gourganes sèches, incomplétement cuites, que l'on nous servait dans de sales et puants baquets en bois, étaient jetées par nous à la mer aussitôt qu'on les servait. Le petit nombre de ceux qui avaient eu l'imprudence d'en manger avaient été immédiatement atteints de violentes coliques. Nous étions tous, d'ailleurs, plus ou moins atteints par la maladie.

Chaque jour, des embarcations emportaient des moribonds qu'elles déposaient à l'hôpital maritime de Brest. Le médecin principal était un homme honnête et humain. Aussi son indignation était-elle grande quand il visitait les malades qui venaient du vaisseau *le Duguesclin*. Plusieurs mouraient pendant la traversée de la rade au port, et les autres n'avaient ordinairement que quelques heures à vivre à l'hôpital. Bien des fois, m'a-t-on rapporté, ce digne médecin s'était écrié : « Mais on s'obstine donc toujours à ne m'envoyer du vaisseau *le Duguesclin* que des morts ! Il me faudrait faire des miracles pour les rendre à la vie ! »

M. Lejeune, négociant armateur à Brest, qui avait été mon officier d'ordonnance pendant tout le temps que j'avais commandé la 2ᵉ brigade de la garde mobile, apprenant que je me trouvais au nombre des victimes du *Duguesclin*, s'était empressé de demander au préfet maritime de Brest la permission de venir me voir. Elle lui fut sèchement refusée. Un cousin, M. Lefourdrey, ministre protestant de la marine, qui avait fait la même demande, ne fut pas même reçu.

Mon ancien officier d'ordonnance m'écrivit une lettre qui, comme toutes celles que nous recevions ou écrivions, fut décachetée et lue par M. Mallet. M. Lejeune, dont j'ai conservé religieusement le souvenir, se mettait généreusement à ma disposition pour tout ce qu'il lui serait possible de faire afin d'adoucir les rigueurs de ma position. Je le priai de m'envoyer chaque jour un consommé dans un vase cylindrique de fer-blanc, ce qu'il fit exactement pendant les vingt et un jours que je passai dans la prison Mallet. Ce bouillon, auquel je joignais quelquefois un léger morceau de pain, a été mon unique nourriture pendant tout ce temps.

Naturellement, ce potage était froid quand il me parvenait. Pendant les deux premiers jours, par l'intermédiaire d'un marin, j'avais obtenu du chef de la cambuse qu'il me le fît chauffer, ce qu'il faisait en plongeant le vase, pendant quelques minutes, dans une chaudière contenant de l'eau bouillante, que l'on conservait ainsi jour et nuit pour une expérience qu'on tentait alors, afin de se procurer de l'eau potable avec l'eau de mer. On le voit, la faveur que me faisait le chef de la cambuse n'apportait aucun désordre dans le service du bord. Ayant appris cependant que ce sous-officier avait été l'objet, pour ce motif, de menaces très-sévères de la part du commandant Mallet, j'écrivis à ce dernier, en termes fort convenables, pour lui demander de permettre à son inférieur de continuer à me rendre un service dont pouvait dépendre la conservation de ma vie; car ma santé, déjà altérée, ne permettait de prendre rien autre que ce malheureux bouillon.

Le geôlier-capitaine me répondit ainsi, en marge de ma lettre : « Le commandant le vaisseau *le Duguesclin* ne peut faire droit à la demande du nommé Mouton; les règlements du bord s'y opposent. »

Vil Mallet! Le *nommé* Mouton était un citoyen honorable, au milieu même des immondices de votre bord, et vous, dans votre salon doré, vous n'étiez qu'un être dégradé!

Les fureurs du terrorisme bonapartiste n'avaient respecté aucune classe de la société ni aucun âge de la vie.

Parmi les victimes qui souffraient avec moi dans les sentines de la batterie basse du vaisseau *le Duguesclin*, se trouvaient des vieillards de quatre-vingts ans, des enfants de quatorze ans, de riches propriétaires, des ouvriers de toutes les professions, des avocats, des écrivains, des prêtres, des militaires de divers grades, des banquiers, des industriels, des cultivateurs, des notaires, des médecins, des pharmaciens, des commerçants, etc. Tels étaient les citoyens que M. Mallet ne craignait pas de qualifier d'*hommes de la pire espèce !*

Notre geôlier-capitaine, ne nous jugeant sans doute pas assez malheureux, résolut de nous infliger un nouveau supplice moral. M. Mallet commit l'infamie de placer parmi nous cinquante forçats destinés à être transportés à Cayenne ! Le misérable pensait sans doute nous imprimer la même flétrissure dont étaient frappés ces hommes légalement condamnés. Il se trompait. C'est lui que la conscience des honnêtes gens flétrira. Notre indignation fut grande ; nos protestations énergiques et hautement formulées. On comprendra notre colère, en présence d'une mesure qui nous condamnait à une aussi humiliante promiscuité !

Vous ne devineriez pas, cher lecteur, comment le geôlier Mallet fit droit à notre juste réclamation. Il ordonna que les cinquante forçats occuperaient une des extrémités de la batterie basse, et seraient séparés de nous par une corde tendue à hauteur de ceinture !

La présence de ces hommes dégradés et flétris parmi nous produisait un effet moral si pénible, que j'aurais peine à en donner une idée. Nous formâmes des projets insensés de révolte, dont la mise à exécution eût infailliblement amené notre massacre à tous ; car, indépendamment des nombreux gendarmes commis à notre garde, il nous fallait compter avec le feu des pièces de canon constamment braquées sur nous.

Ces projets, d'ailleurs, conçus dans notre exaspération, n'eurent pas de suite.

Je me suis proposé, en entreprenant la publication de ces souvenirs, de faire connaître les noms des fonctionnaires de haut et bas étage qui, dans ces temps de douloureuse mémoire, se sont souillés par leur conduite envers les républicains persécutés. A ce titre, je dois une courte mention à M. Fabre, lieutenant, qui était allé cacher sa nullité comme officier dans le corps de la gendarmerie. Ce sbire en épaulettes avait, à bord du *Duguesclin*, le commandement des gendarmes commis à notre garde. Un jour qu'un détenu, le citoyen Courageux, manquant d'air dans la batterie, avait passé sa tête un peu au dehors d'un sabord ouvert, un gendarme, obéissant à sa consigne, lui ordonna de se retirer. Le citoyen Courageux allait exécuter l'ordre sans observation. M. Fabre entendit l'injonction de son inférieur. « Gendarme! s'écria-t-il avec fureur, vous ne devez parler avec ces gens-là qu'à coups de pistolet! »

Je n'ai pas besoin de faire ressortir toute l'horrible portée de ce propos.

Un dernier détail avant d'en finir avec le *Duguesclin*.

Tous les dimanches, le capitaine-geôlier Mallet réunissait sur sa dunette de nombreux invités des deux sexes, pris dans ce qu'on appelle la bonne société de la ville de Brest. Un sourire narquois illuminant sa face blafarde, il leur faisait les honneurs d'une sorte de représentation théâtrale.

Quand les proscrits étaient parqués sur le pont, comme des bêtes curieuses, le geôlier-capitaine donnait à ses invités des explications sur tous les animaux qui composaient sa ménagerie. On me faisait apparemment l'honneur de me considérer comme l'une des bêtes fauves les plus extraordinaires, car tous les yeux et tous les binocles ne manquaient jamais, dans ces ignobles parades, d'être braqués sur ma personne!

J'aime cependant à croire que bien des personnes, que la curiosité seule avait attirées sur le vaisseau, se trouvaient bien vite en proie à un tout autre sentiment, quand la maigreur, la pâleur de nos visages défaits leur révélaient toute l'étendue de nos misères!

L'arrivée à bord du *Duguesclin* des cinquante forçats destinés à être transportés à Cayenne nous avait tous persuadés que nous devions avoir la même destination. Bien que cette certitude eût pour nos cœurs un côté bien cruel, cependant, tout en regrettant de nous éloigner, presque sans espoir de retour, de nos familles et de notre patrie, la seule pensée de quitter l'asphyxiante atmosphère de la batterie basse du *Duguesclin* était considérée à l'égal d'une délivrance.

On mesurera l'intensité des misères qu'on nous fit

subir sous le ciel de France, à cette seule considération que l'idée de partir pour Cayenne causa parmi nous une joie unanime. Je n'exagère pas en parlant ainsi. J'en appelle au témoignage de ceux qui vivent encore parmi mes compagnons de souffrances à bord du *Duguesclin*.

CHAPITRE NEUVIÈME

IX

Notre transbordement sur le *Mogador*. — Adieux à nos camarades. — Nous acclamons la République. — Mon arrivée sur le pont du *Mogador*. Le gendarme Lansdat. — Nous apprenons enfin qu'on nous transporte en Afrique. — Humanité du commandant Othon. — Installation à bord de la frégate. — Attention bienveillante du médecin à mon égard. — Mon entrée à l'infirmerie du bord. — Ailliès, le second de la frégate. — Son emportement à l'occasion de la mise aux fers d'un jeune transporté. — Ma réponse. — Navigation heureuse. — Débarquement à Alger. — Salut des marins. — Installation au lazaret. — Offre obligeante du capitaine. — Mon refus motivé. — Proposition d'évasion. — Ma santé s'améliore. — Honorable conduite du général Darmandie. — Lettre au gouverneur. — On nous transfère au camp de Birkadem. — Le lieutenant Muller — Le gouverneur m'accorde l'internement — Rencontre de mon ami Lébuhotel. — J'accepte sa fraternelle hospitalité.

Le 22 mai 1852, on fit à bord du *Duguesclin* l'appel dès cinq heures du matin. Je fus le premier appelé, 350 autres prisonniers le furent après moi. Une frégate à vapeur, *le Mogador*, était mouillée depuis deux jours non loin de notre vaisseau-prison. Nous avions déjà deviné qu'elle nous attendait.

Nos adieux, à ceux d'entre nous qui demeuraient pensionnaires du *Duguesclin*, furent touchants. Nous les plaignions de toute notre âme, en les voyant obligés d'habiter encore pour un temps indéterminé cet antre odieux. Eux de leur côté, tant est tenace l'illusion, nous plaignaient à leur tour. Ils supposaient que nous allions faire voile pour Cayenne. Dans notre mutuelle ignorance du sort qui nous était réservé, les malheureux restants voyaient en nous des frères condamnés irrévocablement à la mort dans les pestilentiels marais de la Guyane. Ils s'apitoyaient sur notre sort. Ne se voyant pas désignés pour le transbordement, ils nourrissaient encore l'espoir d'être rendus à leurs familles. Vaines et décevantes illusions! Les malheureux, hélas! n'avaient pas compté avec les exigences de la terreur bonapartiste! Ils ne devaient, pour la plupart, revoir ni père ni mère, ni épouse, ni enfants, leur départ pour Cayenne ou l'Afrique n'était que retardé. Plus à plaindre que nous, il leur fallait prolonger encore leur séjour au milieu des immondices du *Duguesclin*.

En entrant dans les chaloupes qui devaient nous amener à bord du *Mogador*, nous poussâmes unanimement le cri bien accentué de : *Vive la République!* Et nous voguâmes vers notre nouvelle demeure.

Hélas! nous ne soupçonnions pas alors que nous emportions avec nous notre sainte République. Nous ne pouvions supposer, même dans un jour d'abaissement moral et de terreur, que le peuple français manquerait d'intelligence, de dignité, au point de livrer les destinées de la patrie aux caprices d'un seul homme!

Je montai le premier sur le *Mogador*. A mon apparition, les marins de l'équipage et les gendarmes, — ceux-ci, malgré les signes désapprobatifs de leur maréchal des logis, — me saluèrent. On m'indiqua l'escalier de la batterie. Je descendis sur-le-champ.

Au bas de l'escalier un vieux gendarme se tenait en faction. Il m'avait salué quand je passai devant lui sans que je l'eusse remarqué, et par conséquent sans que j'eusse répondu à son salut. Ce vieux soldat, affligé de mon indifférence apparente, brava la consigne : « Eh quoi ! me dit-il, mon colonel, vous ne me reconnaissez pas ? » Je me retournai. « C'est toi, Lansdat ? lui dis-je aussitôt. Excuse-moi, je ne t'avais pas remarqué. » — Ah ! mon colonel ! jugez de la peine qui m'accable. On ne croirait pas que des choses pareilles peuvent arriver à un homme. Pendant la précédente traversée, j'avais à garder mon vieux père et mon frère, transportés, et maintenant c'est vous, mon colonel, dont je suis condamné à être le geôlier. » Le vieux gendarme, peu sentimental cependant de sa nature, pleurait en me parlant ainsi. Je fus moi-même attendri, et je donnai une bien sincère marque de sympathie à cette victime de l'obéissance passive.

Dès que nous fûmes installés sur le *Mogador*, nous apprîmes que ce vapeur devait chauffer le jour même, et faire route vers l'Algérie, où nous devions subir la peine de la transportation.

Pour des hommes qui se croyaient destinés à

Cayenne, c'était une bonne nouvelle. La perspective de vivre en Afrique, séparés de nos familles, était sans doute peu séduisante ; mais du moins serions-nous moins éloignés de la patrie et sous un climat plus clément.

La frégate *le Mogador* était commandée par le capitaine de vaisseau Othon. Cet officier aurait pu dire, comme Mallet, qu'il ne faisait qu'exécuter à notre égard les ordres de ses supérieurs. Mais je dois lui rendre ce témoignage, il n'invoqua pas cette misérable excuse et se conduisit toujours avec humanité.

Nous occupions la batterie de la frégate. Il nous fallait coucher sur le plancher ; mais au moins l'air ne nous manquait pas. La plus grande propreté régnait autour de nous ; et nous avions la liberté de monter à volonté sur le pont. Le capitaine venait nous visiter chaque jour, pour s'informer de nos besoins. Aussi une amélioration sensible s'opéra-t-elle bientôt dans la santé des transportés ; la mienne, cependant, restait toujours débile.

Je me trouvais placé dans la batterie, tout à fait à l'avant du bâtiment, et par conséquent exposé jour et nuit à un vent froid, parfois violent, qui soufflait par les deux ouvertures, constamment ouvertes, servant aux deux grosses chaînes des principales ancres de la frégate. La rapidité du navire à vapeur qui filait douze nœuds à l'heure rendait extrêmement désagréable le voisinage de ces ouvertures. Dans mon état de santé, la place était même véritablement dangereuse.

Le chirurgien aide-major du bord le jugea ainsi. Ce médecin, nommé M. Bienvenu, avait eu occasion de me voir à Cherbourg, Il eut une grande sollicitude pour ma santé. Sans aucune démarche de ma part, il m'envoya son infirmier pour m'inviter à me rendre au lieu où il faisait son inspection médicale. Il me trouva malade, et m'envoya à l'infirmerie, où un jeune marin eût l'obligeance de m'offrir son hamac. Je me trouvai extrêmement heureux de ma nouvelle installation. En sortant des égouts du *Duguesclin*, je me serais, je dois le dire, contenté de bien moins !

Le second de la frégate, M. Ailliès, avait du Mallet dans ses propos et ses actions. Heureusement pour nous que ses mauvais instincts étaient contenus par les bonnes dispositions du commandant Othon. Je raconterai, à ce propos, une scène qui eut lieu entre ce M. Ailliès et moi.

Lors de notre transbordement, et avant de quitter le *Duguesclin*, nous eûmes tous à faire la remise de la couverture qui avait été fournie par l'administration. Le citoyen Guibert, jeune ouvrier mécanicien, ne put remettre la sienne. Je crois qu'elle lui avait été volée par un des forçats que le capitaine Mallet avait placés parmi nous. On vint me prévenir que, pour ce fait, ce jeune homme avait été mis aux fers. Je m'empressai de prier le capitaine d'armes du *Mogador* de demander pour moi une audience au commandant Othon. Cet officier se fit excuser de ne pouvoir m'entendre, mais me fit dire en même temps qu'il chargeait le capitaine de frégate de me recevoir en son lieu et place. Je me rendis auprès de ce dernier et je lui expliquai, dans les formes les plus convenables, comment le transporté Guibert se trouvait évidemment victime d'un vol. J'ajoutai que s'il ne pouvait par conséquent remettre la couverture même qui lui avait été confiée, il était juste de lui permettre d'en acquitter le montant, ce qui dégagerait l'administration de la frégate de toute responsabilité envers l'État. Je priai instamment M. Ailliès de faire délivrer Guibert, m'engageant à verser moi-même, sur-le-champ, entre les mains du comptable qu'il m'indiquerait, le prix de la couverture.

Je m'étais exprimé avec autant de calme que de convenance. Le capitaine de frégate, à ma grande surprise, s'emporta, et la figure bouleversée de colère, la joue pourpre, l'œil injecté de sang : « Monsieur, me cria-t-il, venez-vous ici pour commander ? » — « Hélas ! monsieur, répondis-je avec sang-froid, vous voyez bien que je ne viens pas pour commander, puisque je parais devant vous en vous suppliant au nom d'un infortuné. Au lieu de vous emporter au point de mettre en danger votre santé, ne vaudrait-il pas mieux répondre convenablement à ma simple et juste demande ? »

Mon interlocuteur, redoublant de violence, me força de changer à mon tour d'attitude et de langage. « Je vois bien, lui dis-je, en élevant la voix, que je ne puis espérer obtenir de bonnes raisons d'un homme tel que vous ; mais, avant de me retirer, je dois vous dire combien me fait pitié l'impertinence avec laquelle vous répondez à un officier supérieur qui vous fait l'honneur de faire appel à vos sentiments d'équité. Vous méconnaissez étrangement, monsieur, notre situation respective... » Et je me retirai.

Je crois cependant que le capitaine Ailliès était plutôt violent et emporté que méchant homme. Le lendemain ou le surlendemain du jour où cette scène avait eu lieu, il me rencontra sur le pont, et fort poliment me demanda des nouvelles de ma santé. « Ma santé ne vous regarde pas, » lui répondis-je, en haussant les épaules.

Notre navigation fut favorisée par un fort beau temps. La chose n'était point indifférente. Car, quelque préférable, comparativement au *Duguesclin*, que fût notre installation sur le *Mogador*, nous eussions eu beaucoup à souffrir par une mauvaise mer. Nous franchîmes près de 700 lieues en cinq jours et demi. Le 27 mai 1852, nous entrions dans la rade d'Alger, après avoir vu les côtes de France, celles d'Espagne, celles du Portugal, et passé le détroit de Gibraltar.

On nous prévint de faire nos préparatifs de débarquement. Une heure après nous descendions dans de grandes chaloupes qui devaient nous conduire à terre. A l'appel de mon nom, les marins placés sur le pont ou sur les vergues du bâtiment se découvrirent en signe de respect. Après avoir rendu le salut à ces braves matelots qui, malgré les défenses les plus expresses, rendaient hommage au malheur, je me dirigeai vers l'échelle. Le capitaine de frégate Ailliés était là pour présider au débarquement des transportés. Je venais de saluer les simples marins, mais je me gardai bien de me découvrir devant l'homme qui avait manqué aux convenances à mon égard, et à l'humanité envers un malheureux.

Pour éviter que nous ne fussions l'objet des manifestations sympathiques de la population algérienne, comme cela était arrivé au débarquement des précédents convois de transportés, nous n'entrâmes pas dans le port d'Alger. On nous fit débarquer sur un point de la côte, d'où l'on nous dirigea sur le lazaret situé à 2 kilomètres de la ville. Grâce à cette précaution, nous ne rencontrâmes aucun habitant pendant tout le trajet que nous avions à parcourir.

On nous parqua dans les vastes chambrées du lazaret. Chacune d'elles contenait soixante-dix transportés. Nous avions pour toute literie une couche de paille étendue sur le sol.

Le lazaret était alors commandé par le capitaine Domingeot du 23ᵉ léger. Cet officier avait été placé momentanément sous mon commandement, à Paris, pendant les journées de juin 1848. Il m'aborda avec la convenance d'un galant homme, et m'offrit de me placer séparément dans une petite chambre garnie d'un lit de soldat. Je le remerciai vivement, mais en ajoutant que je ne pourrais accepter son offre que s'il accordait le même avantage à tous mes compagnons ; j'ajoutai qu'en présence de l'impossibilité où il se trouvait sans doute de le faire, je le priais seulement de nous faire donner à tous de la paille fraîche, ce qu'il fit d'ailleurs avec empressement.

Peu après, le secrétaire du capitaine commandant le lazaret, le sieur Predhomme, jeune homme, fils d'un négociant de ma ville natale, m'ayant reconnu, vint m'offrir de me faire évader pendant la nuit, et de me faire embarquer sur un bâtiment en partance pour l'Espagne.

Ce projet me souriait, mais avant de le mettre à exécution, je voulais connaître au juste le régime auquel on me soumettrait en Afrique. Certes, si j'avais pu supposer qu'on devait me tenir sous les verrous, j'eusse tout risqué plutôt que de subir encore une captivité pareille à celle que je venais de supporter en France depuis cinq mois.

Je refusai donc, ou pour mieux dire, j'ajournai toute détermination à ce sujet. Je fis bien, comme on le verra bientôt.

La douceur du climat, les chaleurs bienfaisantes dont nous jouissions déjà au mois de mai en Algérie, contribuèrent puissamment malgré la vermine et les scorpions qui peuplaient notre lit de paille, à apporter de notables améliorations dans l'état de nos santés. Quant à moi, je me rétablis promptement. L'appétit me revint. Mon embonpoint reparut.

La nourriture qu'on nous distribuait au lazaret n'était pas délicate, mais du moins était-elle saine et assez abondante. Il nous était permis d'ailleurs, avec nos ressources personnelles, de nous procurer à une cantine à peu près tout ce qui manquait à notre alimentation. Grâce à ces facilités, nous eussions été quasi heureux, si nos pensées ne s'étaient reportées vers nos familles, dont l'anxiété devait être bien accablante et cruelle, car elles ignoraient encore ce que nous étions devenus.

Il y avait quelques jours que j'étais un des habitants du Lazaret; lorsque me promenant avec les transportés dans le préau, j'entendis une voix demander derrière moi : « Où est donc le colonel Mouton ? » Je me retournai et j'aperçus un général en tenue, accompagné du capitaine Domingeot. Ce dernier me désigna au général !

Je reconnus aussitôt le général Darmandie. Il vint à moi, en me tendant gracieusement la main : « Colonel, me dit-il, je viens en ancien camarade vous offrir mes services pour vous rendre, sinon pour le moment à votre famille, mais au moins à une liberté relative. Venez chez le capitaine. Faites une demande d'internement au gouverneur général. Et je me charge de la lui remettre aujourd'hui même. « Et il ajouta, de manière à être entendu de tous les transportés placés près de nous ; « Que ne puis-je en faire autant pour tous ces braves gens ! »

Nos lecteurs le voient : au fur et à mesure qu'on s'éloignait du foyer de la terreur bonapartiste, les âmes étaient plus françaises et par conséquent plus humaines et moins serviles !...

Je fus très-sensible aux honorables procédés d'un ancien camarade. Je lui en témoignai toute ma reconnaissance. Je rédigeai la demande d'internement et je la lui remis. En voici la copie :

Laghat, le 31 mai 1852.

« Monsieur le gouverneur général,

« Arrêté sur une grande route, sur laquelle je me trouvais en promenade, le 16 décembre dernier par un peloton de gendarmes, à une petite distance de ma maison de campagne, j'ai été écroué le même jour dans la prison de Cherbourg, sans qu'on ait suivi à mon égard aucune formalité légale, et de la manière la plus arbitraire.

« Après avoir enduré depuis cinq mois les rigueurs, plus ou moins graves, de douze prisons différentes, et notamment celles que j'ai subies dans les sentines impures et au milieu des immondices du vaisseau *le Duguesclin*, je suis jeté aujourd'hui sur la terre d'Afrique avec une santé délabrée et gravement compromise.

« Je fais un appel à vos sentiments d'humanité ; vous ne resterez pas insensible aux souffrances d'un homme âgé de 56 ans, d'un officier supérieur ayant fourni à son pays une carrière honorable de 38 années de service, et vous m'accorderez mon internement à Alger, où il me sera permis de consulter des médecins et de recevoir d'eux les soins indispensables au rétablissement de ma santé.

« Persuadé que vous ne serez pas sourd à la voix d'un vieux frère d'armes, je vous prie, monsieur le gouverneur général, d'agréer à l'avance l'hommage de mes sentiments de vive reconnaissance.

« Mouton. »

Je fus transféré peu après avec les transportés débarqués le même jour que moi, au camp de Birkadem, situé à douze kilomètres d'Alger. Ce camp était commandé par le lieutenant Muller. Cet officier m'aborda avec les plus grandes marques de respect : « Colonel, me dit-il avec émotion, ce n'est pas moi qui commanderai ici, mais bien vous, car je vous reconnais toujours pour mon chef. » — « Lieutenant, lui répondis-je, je suis bien touché des sentiments qui vous inspirent ces paroles ; mais exercez ce commandement puisque vous l'avez accepté ; exercez-le en n'oubliant pas que vous avez à garder les défenseurs du droit violé, victimes de la force brutale, agissez en conséquence, et si les hommes ne vous en tiennent pas compte, Dieu vous en récompensera ! »

Notre casernement au camp de Birkadem n'avait rien de confortable. Nous habitions des baraques en bois dans lesquelles nous étouffions de chaleur, et où nous étions dévorés par la vermine. Mais les bons procédés du lieutenant Muller rendaient le séjour moins dur aux échappés du bagne de Mallet.

Je reçus bientôt la visite d'un employé qui m'apportait la réponse du gouverneur général à la lettre que je lui avais écrite. Cette réponse était conçue en termes très-convenables. Elle portait que des ordres particuliers ne permettaient pas que je fussse interné dans la ville d'Alger; mais que je pourrais l'être dans toute autre localité de l'Algérie, à mon choix.

Le lieutenant Muller et le secrétaire du gouverneur général m'engagèrent alors à descendre avec eux au village de Birkadem, et à partager leur déjeuner. « Messieurs, leur dis-je avec franchise, dans toute autre circonstance je pourrais hésiter; mais aujourd'hui je m'empresse d'accepter votre aimable invitation avec d'autant plus de plaisir que voilà plus de six mois que je n'ai mangé en société à une table. »

Pendant le déjeuner, on vint dire au secrétaire qu'un monsieur Lebuhotel désirait l'entretenir d'une affaire. Ce nom frappa mon oreille. En effet, en voyant ce nouveau venu, je reconnus en lui un de mes bons et anciens amis de Cherbourg. Je me levai aussitôt pour lui offrir une bonne poignée de main qu'il accepta avec autant de plaisir que de surprise ; car ce brave ami ne s'attendait guère à me trouver là, dans une auberge d'Afrique, faisant partie des milliers de citoyens français que la terreur bonapartiste arrachait du sein de leurs familles.

Quand M. Lebuhotel apprit que j'étais autorisé à me fixer partout où je voudrais en Algérie, excepté toutefois à Alger, il s'empressa de m'offrir une gracieuse hospitalité au château d'Hydra qu'il habitait sur la commune de Birmandreis.

J'acceptai cette offre avec transport. Je demandai à mon ami une heure pour aller faire mes adieux à mes compagnons de misère et de malheur. Ces adieux furent touchants de part et d'autre. Je promis à mes amis de venir les voir souvent et de me tenir constamment à leur service ; ce que je fis.

Je montai en voiture pour me rendre à ma nouvelle demeure. Mes premiers soins furent de prendre un bain, de changer enfin de vêtements et de linge, et de mettre au feu ma défroque.

Ici se terminent mes misères, mes souffrances et privations matérielles. Je n'avais plus à supporter désormais que les tortures morales que l'exilé endure loin des affections de la famille, des amitiés absentes, d'une patrie qu'il aime et qu'il sait asservie.

CHAPITRE DIXIÈME

X

Liberté limitée dont je jouissais. — Fin de mes misères. — Tableau de celles que j'avais sous les yeux. — Mes efforts pour les atténuer. — Traitement subi par les transportés en Afrique. — Travaux pénibles auxquels ils étaient soumis. — Mortalité des transportés à la Bourkika. — Cachots de la citadelle de Bone. — Position affligeante des internés privés de moyens d'existence. — Je loue une petite habitation. — Hospitalité offerte à mes compagnons d'infortune. — Nouveaux ennuis auxquels cette action m'expose. — Rapport du commissaire de police contre moi. — Surveillance de la gendarmerie. — On me communique le rapport du commissaire et la réponse du gouverneur à ce fonctionnaire. — Visite du général Espinasse au camp de Birkadem. — Son impudence. — Le jeune Richard. — Sa réponse au général qui l'insultait. — Le général Paté. — Sa bienveillance.

A dater du jour de mon internement, je jouis en Afrique d'une liberté qui, réglementairement, eût été fort limitée, puisque je n'avais le droit de circuler que dans un espace de quatre kilomètres carrés. Mais grâce aux tolérances accordées par le gouverneur général à la plupart des internés, et aux faveurs dont j'étais personnellement l'objet de la part des généraux commandant le territoire, presque tous mes anciens camarades, je pus toujours circuler librement dans toute l'Algérie.

Mon train de vie était modeste; mais, en définitive, je ne manquais pas du nécessaire. J'aurais même pu, avec les ressources dont je disposais, augmenter mon confortable; mais je n'y pensais pas. Durant les quinze premiers mois de mon séjour en Afrique, j'ai été témoin de misères si effroyables subies par un grand nombre de proscrits, que ma principale occupation fut de travailler, ainsi que je le devais, à atténuer ces misères, dans la mesure de mes faibles moyens.

Je ne possède plus aujourd'hui la fortune dont je jouissais à cette époque. Pour moi, comme pour tant d'autres, la transportation a été la ruine. Je suis bien loin de regretter cependant aucun des sacrifices que j'ai faits pour d'honnêtes gens qui, jetés sans ressources sur la terre d'Afrique, étaient littéralement exposés à mourir de faim, quand, pour échapper aux rigueurs des camps ou des prisons, ils demandaient et obtenaient l'internement. Le souvenir du peu de bien que j'ai pu faire dans le malheur aux amis politiques, frappés comme moi pour la bonne cause, m'en récompense amplement.

Je dois placer ici quelques observations générales sur le traitement qui était infligé aux transportés non admis à la faveur de l'internement (1).

---

(1) Il m'a été assuré, par un employé du secrétariat général d'Alger, que le nombre des transportés débarqués dans les trois provinces de l'Algérie avait dépassé 15,000.

Au fur et à mesure de leur débarquement en Afrique, les transportés étaient entassés dans les prisons, camps, lazarets, forts, baraques, ou placés sous des tentes souvent dressées dans des lieux insalubres.

Ils étaient astreints aux travaux les plus rudes. Beaucoup cassaient la pierre pour les grandes routes sous un soleil tropical; d'autres étaient employés aux terrassements, ouvraient des chemins, creusaient des fossés; d'autres préparaient les terrains pour de nouveaux centres de population. Ces derniers travaillaient souvent sur des terrains déjà malsains, et qui le devenaient encore davantage par le seul fait du remuement des terres incultes depuis plusieurs siècles. Je ne citerai qu'un seul de ces centres de population dont les transportés ont préparé les terres dans la province d'Alger, le trop fameux village de la Bourkika, à dix kilomètres de Blidah. Ce fut un des plus effroyables cimetières de transportés. La plupart de ceux qui y travaillèrent y sont morts; les autres y ont contracté des fièvres paludéennes dont ils n'ont jamais pu complétement guérir.

La mortalité était telle dans ce lieu sinistre, sa déplorable réputation était si bien établie, qu'à chaque nouveau convoi de transportés qu'on y conduisait, beaucoup désertaient aussitôt après leur arrivée, préférant s'exposer ainsi aux peines cruelles qui les attendaient après leur arrestation. Un petit nombre, en effet, échappaient à la surveillance des gendarmes, dont le zèle était stimulé par l'appât de fortes primes qu'on leur accordait pour la prise de chaque transporté. D'ordinaire, les malheureux qui avaient déserté, pour éviter une mort presque certaine, étaient conduits après leur reprise, chargés de fer, à travers des terres arides, privées d'eau et de végétation, à Bone, où ils étaient jetés dans les cachots infects de la citadelle. Ils avaient voulu fuir la mort, ils la retrouvaient dans les casemates de Bone, plus lente, mais presque aussi inévitable qu'aux marais de la Bourkika.

Ce régime de travaux forcés, avec le cachot pour perspective en cas de résistance, était, certes, bien terrible pour tous les transportés. Mais combien était-il plus intolérable encore pour ceux d'entre eux qui, ayant exercé des professions libérales, n'avaient ni l'habitude, ni la force nécessaires pour ces rudes travaux !

Aussi la plupart demandaient à être internés, ce qu'ils obtenaient facilement, en déclarant qu'ils avaient des moyens suffisants d'existence. Car, j'avais omis de le dire, si les transportés soumis au régime des travaux publics étaient entretenus aux frais de l'État, les internés devaient pourvoir par eux-mêmes à leur nourriture et à leur logement.

J'ai pensé bien des fois que le désir de faire réaliser à l'État une économie notable avait eu plus de part que l'humanité à la facilité du gouvernement colonial en matière d'internement. Qui demandait obtenait, du moins en général. Aussi combien, parmi les internés, se trouvaient, dans leur liberté relative, plus à plaindre que dans les camps de travaux, où ils avaient du moins du pain et un gîte. La position d'un grand nombre était affreuse, jusqu'au jour où ils pouvaient se créer des moyens d'existence ou recevoir quelques secours de leurs familles.

Je n'étais plus à plaindre pour moi-même; mais le spectacle de tant de misères m'attristait profondément.

J'avais loué, sur le haut du coteau de Mustapha supérieur (six kilomètres d'Alger), une très-petite maison, entourée d'un vaste jardin. Vu l'exiguïté du local dont je disposais, il m'était impossible d'offrir l'hospitalité de mon toit, mais je pouvais donner celle de ma table. C'est ce que je fis pendant plusieurs mois. Deux fois par jour, à dix heures du matin et à cinq heures du soir, une grande table était dressée dans mon jardin; j'y prenais place, en compagnie de ceux de mes frères d'infortune que le besoin avait conduits vers moi; et nous partagions un modeste, mais substantiel repas.

Ma conduite n'avait, certes, rien de blâmable. Je n'en suis pas moins convaincu que, s'il s'était trouvé en Algérie un tout autre gouverneur général que M. Randon, que si ce poste eût été occupé par un énergumène de la terreur bonapartiste, cela eût suffi pour m'attirer de nouvelles persécutions.

Le fait est qu'un commissaire de police, dévoré de l'envie de se signaler par son zèle aux distributions et aux récompenses prodiguées à ses pareils par les vainqueurs de décembre, tenta d'exploiter à son avantage mon œuvre de fraternelle hospitalité. Il adressa au gouverneur un rapport foudroyant contre moi. Il me dénonçait comme un homme des plus dangereux, capable, à un moment donné, de me mettre à la tête d'un mouvement révolutionnaire, dans le but de m'emparer de son commandement. Le zélé mouchard ajoutait qu'il était à sa parfaite connaissance que des réunions nombreuses de transportés avaient lieu fréquemment dans mon domicile; qu'on y prononçait des discours incendiaires; qu'on y tramait des complots, etc., etc. Il était urgent, concluait-il, de mettre un terme à ces scandaleuses menées, si l'on ne voulait s'exposer à voir la tranquillité de la colonie compromise.

Comme on le pense bien, j'ignorais, au moment où ce rapport parvenait à M. Randon, qu'on me présentât à ses yeux comme un conspirateur, quand, en réalité, je ne conspirais, hélas! que contre la misère de mes compagnons d'infortune.

Ma vieille servante avait cependant remarqué que des patrouilles de gendarmes passaient fréquemment sur le sentier qui conduisait à ma maisonnette. Elle m'en avertit. J'eus même grand'peine, un jour, à l'empêcher de les apostropher d'une verte façon. « Ne voyez-vous pas, colonel, me disait-elle, que ces hirondelles de potence ne passent si souvent que pour vous espionner? » Je l'engageai à se calmer, et lui reprochai d'être trop prompte à accuser de braves militaires qui faisaient un service de rondes dans l'intérêt de tous les colons. Je me trompais; la vieille Adèle avait deviné juste. Les gendarmes s'occupaient, autour de ma maisonnette, à toute autre chose qu'à la surveillance des maraudeurs.

Un matin, je reçus, vers neuf heures, la visite d'un employé du secrétariat général du gouvernement. Après les compliments d'usage, il m'annonça qu'il venait me demander à déjeuner sans cérémonie, et qu'au dessert il m'apprendrait quelque chose qui ne pouvait manquer de me faire plaisir. — Quoi! lui dis-je en riant, venez-vous m'apprendre que la République est triomphante en France?

Nous nous mîmes à table peu après, et, entre la poire et le fromage, le secrétaire déroula devant moi deux papiers. L'un était la lettre du commissaire de police adressée au gouverneur; l'autre était la réponse de ce haut fonctionnaire. Ce dernier, après avoir pris connaissance du rapport du commissaire de police, et avoir bien pesé les faits qu'il m'imputait, avait gardé par devers lui le rapport sans le soumettre aux bureaux. Il avait transmis sur-le-champ l'ordre aux brigades de gendarmerie de Mustapha et de Birkadem d'exercer sur la propriété que j'habitais et sur ma personne une active surveillance de jour et de nuit. Ces instructions avaient été suivies pendant deux mois sans interruption. Quand, par les rapports journaliers qu'on lui adressait, le gouverneur général avait su à quoi s'en tenir sur la valeur des dénonciations du commissaire de police, il lui avait adressé la lettre dont le secrétaire avait l'obligeance de me communiquer une copie.

Le gouverneur général blâmait sévèrement le trop zélé policier; lui disant entre autres choses qu'il avait été, ou de mauvaise foi à mon égard ou dupe de faux rapports de ses inférieurs; il ordonnait, en définitive, de ne plus s'occuper de ma personne à l'avenir.

Je ne dirai qu'une seule chose pour faire apprécier de mes lecteurs la reconnaissance que je garde de cette conduite honorable de M. Randon, c'est que si, en semblable circonstance, je me fusse trouvé, comme il est advenu à quelques-uns de mes compagnons, sous la coupe d'un général Espinasse, ou de tout autre misérable de son espèce, cette dénonciation calomnieuse eût suffi pour déterminer sur-le-champ mon envoi à Cayenne.

Puisque je viens de salir ma page, en y écrivant le nom du général Espinasse, que le lecteur me pardonne de l'entretenir d'une visite que ledit Espinasse fit au camp de Birkadem. Il réunit les transportés dans la cour et fit former le cercle. Ce général d'aventure, qui ne devait ses étoiles qu'à un exploit de bandit nocturne (la surprise du palais de l'Assemblée nationale), eut l'impudence d'injurier les honorables citoyens forcés de subir son éloquence de soudard. Il se livra aux plus viles accusations contre les républicains, auxquels leur éducation et leur position sociale avaient donné quelque influence sur leurs camarades de la classe ouvrière. « Les démocrates en veste, disait-il, n'ont été conduits ici que parce que les démocrates en habit ont voulu se servir d'eux pour s'emparer des places de préfets et de juges. » On aurait pu lui riposter à brûle-pourpoint : « Ce sont de malheureux soldats que vous avez soûlés qui vous ont procuré les épaulettes dont vous vous parez ! » Je tiens d'un jeune transporté, nommé Richard, le récit d'un autre trait de nature à faire apprécier le caractère de ces généraux dont la complicité dans l'attentat de décembre fit la fortune.

On sait qu'au commencement de 1852, des commissaires, dits *de clémence*, au nombre desquels figuraient des généraux, furent envoyés dans les départements pour faire un triage des prisonniers républicains qui encombraient toutes les geôles de France. Certain de ces généraux que je pourrais nommer visitait la prison où était détenu le jeune Richard. Le père de ce jeune homme fit mille démarches pour obtenir la mise en liberté de son fils. M. Richard père appartenait au parti réactionnaire. Pour dernier argument auprès du général C....., il lui dit qu'il prenait l'engagement de ne pas faire remplacer son fils, qui se trouvait parmi les conscrits de l'année tombés au sort, s'il consentait à le rendre à sa famille. — « C'est un motif de plus pour moi de le laisser en prison, dit le général; car nous ne voulons pas de soldats de cette espèce. » — « Et moi, répliqua aussitôt le jeune Richard, je serais bien fâché de servir sous les ordres d'un général tel que vous. » Le jeune républicain fut aussitôt mis au cachot, et n'en sortit qu'au jour du départ pour la transportation en Afrique.

Heureusement pour l'honneur de l'armée, tous les officiers généraux ne ressemblaient pas à celui dont je viens de parler. Au moment de mon débarquement en Afrique, le général Paté, commandant la subdivision d'Alger, était en expédition. Aussitôt après son retour, je le vis, et je fus très-heureux de renouveler ma connaissance avec ce brave officier, dont j'avais été jadis le compagnon d'armes dans l'ancienne garde impériale. Je n'ai jamais eu de faveur à lui demander personnellement; mais il m'offrit ses services si gracieusement et de si bon cœur, que bien des fois je les ai réclamés pour mes camarades d'infortune. Et je dois dire à sa louange que je ne l'ai jamais fait en vain.

CHAPITRE ONZIÈME

XI

Arrivée de nouveaux convois de transportés en Algérie. — Je procure du travail à un certain nombre d'entre eux. — La Maison-Carrée. — Le jeune Bordère. — Sa maladie et sa mort. — Condamnation à mort de trois jeunes transportés. — Conduite du commandant la place d'Alger à leur égard. — Le 2ᵉ conseil de guerre les acquitte. — Les femmes transportées. — Madame Pauline Rolland. — Mademoiselle Louise. — Son arrivée à la préfecture de police. — Son débarquement en Afrique. — Tragique épisode. — Sa maladie. — Son retour en France. — Conduite ignoble d'un prêtre envers le transporté C... — Délations. — Les notaires ruinés. — Un citoyen persécuté à cause du strabisme dont il est atteint. — Tirion, généreux envers un réactionnaire, qui le dénonce plus tard. — Je demande à être interné définitivement. — Indépendance du maréchal Pélissier. — Il refuse de se prêter aux persécutions. — Capo de Feuillide. — Son amitié intime avec le prisonnier de Ham. — Sa transportation. — Lettre à l'Empereur.

Jusqu'aux derniers jours de septembre 1852, il continua d'arriver en Algérie des bâtiments chargés de transportés qu'on entassait dans les prisons et dans les camps. Je m'employais avec toute l'activité possible à leur chercher du travail. J'eus souvent la satisfaction de trouver des chefs d'atelier, des maîtres ouvriers ou des colons qui purent en occuper un grand nombre à des conditions équitables. Je tenais essentiellement à faire obtenir les avantages de l'internement au plus grand nombre possible de mes compagnons d'infortune. Ainsi que je l'ai déjà dit, l'internement était, pour ceux qui trouvaient des moyens d'utiliser leurs forces en travaillant, non-seulement un état de liberté relative, c'était le salut. Car, sans cela, les travaux forcés, dans les lieux insalubres, les exposaient à mourir misérablement.

Je fis de nombreuses visites au fort de la Maison-Carrée (14 kilomètres d'Alger). Parmi les milliers de transportés qui y séjournèrent, je remarquai un aimable et intéressant jeune homme, appartenant à une famille honorable du département du Gers.

Il se nommait Bordère. Il était doué du plus heureux naturel ; intelligent, délicat, sensible, trop sensible hélas ! car c'est cette sensibilité, qui, avec l'aide de ses persécuteurs, ouvrit prématurément sa tombe !

Il s'éteignait à vue d'œil sous l'accablement et de ses misères présentes et du souvenir des humiliations que les sbires du pouvoir lui avaient fait endurer avant de le jeter sur la terre d'Afrique. Il ne pouvait se consoler à l'idée que lui, innocent, honnête, scrupuleux observateur des lois, avait été traîné de prison en prison, chargé de fers, sous l'escorte des gendarmes.

Nous lui répétions vainement que nous souffrions tous pour la même cause ; que l'échafaud ne déshonorait pas, mais bien le crime seul, et que le crime avait été commis par d'autres que par nous.

Vainement lui disions-nous qu'il fallait avoir la force de souffrir avec résignation ; qu'il fallait tromper le perfide espoir de nos ennemis, en nous conservant pour le jour où la cause de la justice triompherait enfin !

Efforts superflus ! le mal physique et plus encore la douleur morale, le désespoir et l'humiliation aggravaient chaque jour l'état du malheureux jeune homme. Il était dans sa destinée de devenir une des plus déplorables et intéressantes victimes de la cause républicaine !

J'arrivai un matin à onze heures à la Maison Carrée. Je venais annoncer à Bordère que j'avais obtenu son internement, Je le trouvai étendu par terre, sur un lit de paille, comme soixante-dix de ses camarades qui occupaient la même chambrée que lui. Je fus frappé de terreur en voyant ses beaux traits décomposés par l'approche de la mort. Mais quelle ne fut pas mon émotion en lisant au-dessus de sa tête, écrits au charbon, en gros caractères, sur un mur bien blanc, ces mots :

Ci-gît Bordère assassiné par Bonaparte !

Ses voisins me dirent, qu'une heure auparavant, il s'était péniblement dressé sur sa couche pour tracer ces mots d'une lugubre prévision. Peu de jours après, en effet, il expirait à l'hôpital d'Hussein-Dey.

J'avais été bien des fois tristement affecté en me séparant de nombreux camarades que la mort moissonnait chaque jour ; mais jamais épreuve ne fut aussi cruelle que celle de la mort du jeune Bordère ! Je ne fus pas seul à le pleurer. Nous l'aimions tous, et pour chacun des transportés qui l'avaient connu, sa perte fut un deuil de famille.

Bordère mourut loin des siens à l'âge de 25 ans. Jeune, affectueux, loyal, maître d'une belle fortune, il eût pu faire le bonheur d'une femme digne de lui ; la terreur bonapartiste en fit un cadavre de plus à ajouter à son catalogue déjà si chargé !

Nous lui rendîmes les derniers honneurs d'une manière bien modeste ; mais les larmes sincères qui ont arrosé sa tombe valaient mieux que les pompes funèbres les plus imposantes.

Je dois rendre cette justice à l'autorité militaire de l'Algérie qu'elle adoucissait, autant que possible, la rigueur des traitements que les instructions venues de Paris ordonnaient d'infliger aux transportés. C'est à l'initiative toute bienveillante de M. le gouverneur général Randon qu'un grand nombre de proscrits ont dû le terme de leurs misères. M. le général Darmandie eut la gracieuse attention de me prier de passer chez lui pour me donner connaissance de la lettre que le gouverneur général écrivait aux ministres pour leur faire comprendre que la population algérienne était très-sympathique aux transportés, que l'armée même partageait sur beaucoup de points de l'Algérie ces sentiments, et qu'il serait d'une sage et humaine prévoyance politique de rendre à leurs familles et à leurs occupations la plupart des malheureux transportés.

Cette louable inspiration, que le ministre Saint-Arnaud n'aurait jamais eue, sauva la vie de bien de mes compagnons qui, sans elle, eussent grossi le nombre des victimes de la Bourkika et de tant d'autres lieux de pestilence.

Mais autant je mets d'empressement, autant j'éprouve de satisfaction à rendre justice à celles des autorités militaires qui, dans ces déplorables circonstances, firent preuve de sentiments d'humanité, autant ma conscience m'impose le devoir de signaler à l'opinion publique les officiers qui, plutôt par un zèle outré ou par une fausse appréciation des lois, commirent des iniquités pareilles à celle que je vais signaler.

Le croirait-on ? Il s'est trouvé à Alger, en 1852, un conseil de guerre qui a pu condamner à la peine de mort trois jeunes transportés, coupables d'avoir chanté la *Marseillaise* dans la cour du camp de Douera ! L'un de ces jeunes gens, M. Labosse, était fils d'un préfet de 1848, mort comme tant d'autres en Afrique !

La nouvelle de cette condamnation aussi inattendue

que barbare parvint à la connaissance du public d'Alger, à cette heure du jour où la population aisée afflue sur les promenades de la place du Gouvernement, et que les négociants s'occupent de leurs transactions à la Bourse.

A cette triste nouvelle, tout fut suspendu comme par enchantement, promenades et affaires ; la consternation se peignit sur tous les visages ; l'indignation succéda bientôt, et en même temps la volonté d'arracher au cruel sort qui les menaçait des infortunés transportés.

Alger avait alors pour commandant de place le colonel Genesti, personnage plus ridicule encore que méchant. C'était un homme long, sec, maigre et prétentieux au possible. Vieux galantin dont l'âge n'avait pas refroidi les ardeurs, il avait été baptisé par les jeunes officiers de la garnison du sobriquet de *Brin-d'Amour*. C'était un des persécuteurs de nos malheureux compagnons. Par imbécillité plutôt que par méchanceté froide, le vieux sot, sous prétexte de consoler les trois victimes, ne manquait pas, dans ses visites à la prison militaire, de les assurer qu'ils ne seraient pas fusillés, mais que leur peine serait commuée en celles des travaux forcés à perpétuité. Belle perspective pour trois jeunes gens dont le plus âgé n'avait pas encore atteint sa vingt-cinquième année !

Ces détails, connus par le public, ajoutèrent à l'horreur universelle. La réprobation de tous les colons se manifesta avec tant d'énergie qu'on dut aviser. On trouva un vice de forme quelconque dans le jugement rendu par le premier conseil de guerre, et nos jeunes amis furent renvoyés devant de nouveaux juges.

Après trois mois de cruelle anxiété, ils furent traduits devant le deuxième conseil de guerre séant à Blidah.

Les militaires qui le composaient se conduisirent en gens d'honneur. Le capitaine rapporteur, dans son réquisitoire, abandonna l'accusation, et conclut à ce que les trois grands coupables fussent simplement punis disciplinairement, au camp de Douéra, où le prétendu crime avait été commis.

Le deuxième conseil de guerre de la division, — qu'il ne faut jamais confondre avec le premier conseil, — rendit, à l'unanimité des voix, un jugement conforme aux conclusions du capitaine rapporteur. Cette décision épargna à la population algérienne l'horreur de voir punir de mort le chant de l'hymne national, et à l'armée la honte d'avoir vu rendre, par un tribunal pris dans son sein, un aussi épouvantable arrêt.

J'ai dit plus haut que toutes les classes de la société, sans distinction d'âge ni de sexe, avaient fourni leur contingent aux prisons, aux bagnes, à l'internement, à l'exil et à la transportation. Mais toutes ces victimes ne suffisaient pas encore pour satisfaire la rage des proscripteurs. La terreur bonapartiste n'avait pas même respecté les mères de famille. Beaucoup d'entre elles furent arrachées aux bras de leurs enfants. Des jeunes filles de moins de vingt ans furent également enlevées à l'affection de leurs parents. Toutes ces victimes, jetées d'abord en prison, soumises à une odieuse promiscuité avec les voleuses et les prostituées, avaient été débarquées en bloc dans la province d'Oran, où elles furent parquées sous des tentes, jusqu'au jour où on les transporta par mer à Alger. Là, elles furent enfermées dans une maison de correction, confondues avec des filles de mauvaise vie. Parmi ces persécutées du crime victorieux, toutes femmes honnêtes et respectables, plusieurs se distinguaient par leur instruction et leur intelligence éminente.

Je nommerai entre elles madame Pauline Rolland, que les vers du grand poëte de l'exil ont immortalisée. Madame Pauline Rolland dut à l'amitié de George Sand, cette noble femme de génie, d'obtenir sa rentrée en France sans aucune condition. Mais elle était déjà dévorée par la fièvre paludéenne qu'elle avait contractée sous la tente. Elle se dirigeait sur Paris, où elle avait laissé ses quatre enfants en bas âge. Arrivée à Lyon, ses forces l'abandonnèrent; elle ne put aller plus loin. Une amie lui donna l'hospitalité. On écrivit à Paris pour que ses enfants se rendissent sans retard auprès d'elle. Les malheureux enfants n'arrivèrent à Lyon, hélas! que pour y trouver le cadavre de leur infortunée mère!...

Après avoir rendu cet hommage succinct au souvenir de madame Pauline Rolland, qu'il me soit permis de révéler les malheurs d'une autre intéressante victime du 2 décembre. Je veux parler de mademoiselle Louise, jeune fille de 18 ans, qui se trouvait au nombre des femmes transportées.

Cette enfant, originaire de Nîmes, avait été élevée par un oncle qui habitait Paris. C'est chez lui qu'elle demeurait au moment de la perpétration du coup d'État. Trois semaines plus tard, le 24 décembre 1851, un lieutenant de l'armée, en congé, signalé comme ayant pris part à la défense des barricades élevées dans les journées des 3 et 4 décembre, vint demander asile à l'oncle de la jeune Louise, républicain sincère dont il était l'ami. Le logement de ce bon citoyen était au troisième étage d'une maison de la rue Transnonain. La police était sur les traces de l'officier fugitif. A peine était-il entré, qu'un commissaire de police et plusieurs agents envahissaient la maison pour y opérer des perquisitions. M. X... ouvrit aussitôt la porte de la chambre de sa nièce qui était déjà couchée, et engagea l'officier à s'y cacher, en lui disant que très-probablement la police n'irait pas le chercher dans cette pièce.

L'appartement fut néanmoins visité de fond en comble, la chambre de la jeune fille comme les autres, et le fugitif n'y fut pas découvert. Les agents se retiraient, lorsque l'un d'entre eux fit remarquer au commissaire un chapeau d'homme laissé sur un siége, et qu'on n'avait pas remarqué de prime abord. Les perquisitions recommencèrent, minutieuses et même indécentes. Elles allaient encore demeurer infructueuses, lorsqu'un des limiers de la police avisa une fenêtre mal fermée. L'heure et le temps rigoureux de la saison éveillèrent les soupçons de cet agent ; il ouvrit la croisée, passa sa tête au dehors et aperçut le courageux lieutenant, se tenant à une persienne, suspendu dans l'espace.

Il fut arrêté sur-le-champ. Je l'ai connu plus tard en Afrique, où il eut l'honneur de se trouver au nombre des transportés.

Dans tout ce qu'on vient de lire, il serait, certes, difficile de rien trouver de répréhensible dans la conduite de mademoiselle Louise ; mais la police n'en jugea pas ainsi ; la jeune fille fut arrêtée, malgré les supplications de son oncle. On lui donna à peine le temps de se couvrir d'un peignoir ; on la jeta brutalement dans un fiacre, qui la conduisit à la préfecture de police. C'était la veille de Noël. Et pendant le trajet, le pieux commissaire ne sut adresser à la jeune Louise que ces paroles : « Maudite insurgée, vous serez cause que je ne pourrai assister à la messe de minuit ! »

On n'ignore pas que chaque soir, à Paris, nombre de voleuses et de filles publiques ramassées dans les bas-fonds de la capitale, sont jetées pêle-mêle au dépôt de la préfecture de police. C'est dans ce bouge immonde que Louise fut conduite.

En l'apercevant, les habitantes de ce triste lieu s'approchèrent d'elle. « C'est une novice ! » s'écriaient-elles. Le contact de ces femmes inspira à Louise un indicible sentiment d'horreur ; elle fondit en larmes et se retira consternée dans un coin de la salle.

L'isolement que recherchait la jeune fille, son air modeste, les pleurs qui coulaient sur sa belle figure surprirent les filles impures qui l'avaient entourée. Lorsqu'elles eurent acquis la certitude que la jeune prisonnière, qu'on avait eu l'infamie de confondre avec elles, était une victime des persécutions politiques, elles lui témoignèrent un extrême respect ; elles portèrent dans le coin qu'elle avait choisi la paille la plus fraîche de la salle, et s'écartèrent avec discrétion.

Ainsi, ces femmes dégradées, le rebut de la société, donnaient des leçons de convenance et d'humanité aux hommes du 2 décembre ! ! !

Le lendemain, c'est-à-dire le jour de Noël, Louise fut extraite de la préfecture de police et transférée dans la prison de Saint-Lazare. Elle y demeura jusqu'au jour où, conduite de brigade en brigade, de Paris au port d'embarquement, elle traversa la Méditerranée pour partager les misères de la transportation en Afrique.

A Alger, elle fut placée prisonnière dans la maison

de correction que tiennent, près de la ville, les religieuses dites du *Bon-Pasteur*.

Pour avoir résisté à je ne sais quelle tracasserie de ces bigotes et acariâtres filles, la jeune transportée fut dirigée sur le camp de Teniet-el-Haad, où plusieurs centaines de transportés vivaient sous la tente. C'était une singulière et bien immorale mesure que celle de placer une pauvre jeune fille, seule, au milieu de tant d'hommes, la plupart dans la force de l'âge. Mais l'odieux calcul de ses persécuteurs fut détrompé. A son arrivée au camp, les transportés eurent pour leur jeune compagne de malheurs autant de respect que de prévenances. Ils se gênèrent dans les tentes pour pouvoir en mettre une à la disposition exclusive de Louise.

Teniet-el-Haad avait pour commandant militaire le colonel X... (1). Il fut frappé des grâces et de la beauté de la jeune transportée. Il en devint épris et rechercha tous les moyens de lui être agréable. Louise ne répondait à ses assiduités et à ses offres de service que par la plus parfaite indifférence. Elle n'était pas dupe de la prétendue bienveillance du colonel, et se gardait de lui comme de la peste.

Voyant que son rôle de suppliant n'amenait aucun

---

(1) C'est par égards envers la respectable veuve du colonel X..., que je ne le nomme pas.

résultat, le colonel ne craignit pas de recourir à des moyens odieux.

Un jour, un sergent vint au camp porteur d'un ordre écrit, par lequel il était enjoint à Louise d'aller occuper une chambre qui faisait partie de la maison qu'habitait le colonel.

La malheureuse enfant ne pouvait refuser d'exécuter cet ordre, car le sergent avait déclaré qu'il emploierait la force en cas de résistance.

L'indignation des transportés était au comble. Mais il fallait bien laisser partir Louise, car la révolte n'eût amené que des catastrophes sans résultat utile.

Que faire pour sauver l'honneur de cette intéressante jeune fille? Un de ses compagnons d'infortune lui remit un poignard. Entre les mains de la jeune et vaillante républicaine, c'était une sauvegarde assurée.

Après avoir tristement serré la main de tous les transportés, Louise s'éloigna du camp, sous la conduite du sergent.

A peine avait-elle pris possession de la chambre que le colonel lui avait fait préparer, qu'elle reçut sa visite. Elle ne craignit pas de lui interdire énergiquement et pour toujours l'entrée de sa chambre et de lui déclarer résolûment qu'il eût à mettre fin à ses obsessions.

Le colonel ne se tint point pour battu. Il feignit d'obéir, s'abstint pendant quelque temps de toute nouvelle entreprise ; mais un jour, il s'introduisit chez elle à l'improviste, la surprit seule et se montra plus entreprenant que jamais. Louise l'accabla de son mépris ; et sur un geste qui lui fit craindre une ignoble tentative de violence, la courageuse enfant s'arma de son poignard. Le colonel ricana, ne la supposant pas capable de s'en servir, et se jeta sur elle. Louise, fière et brave, comme une jeune Gauloise des vieux âges, frappa l'odieux satyre. Le coup avait percé le bras du colonel X... La surprise autant que la douleur le stupéfiant, il lâcha prise. Louise, rapide comme l'éclair, sortit de la maison et courut se réfugier au camp, où les transportés lui firent le plus cordial accueil.

Le colonel X... n'osa donner aucune suite à cette affaire. Le scandale était déjà assez grand pour qu'il y eût certains inconvénients pour lui à l'augmenter encore. Il se contenta de soigner sa blessure, et fit bien.

Peu après cet incident, Louise, subissant l'influence pestilentielle des lieux où elle habitait avec les transportés, tomba dangereusement malade. Ce n'est que lorsqu'on eut l'assurance que ses jours étaient en danger, que l'autorité, sur les instances pressantes de ses frères d'infortune, se décida à la rendre à sa patrie et à sa famille.

L'état de cette jeune martyre était si déplorable qu'il fallut employer mille précautions pour lui faire faire le trajet de Teniet-el-Haad à Alger. Elle arriva en France mourante. On m'a raconté qu'elle était si défaite que son père ne la reconnut pas au premier abord.

Sa jeunesse et les soins qui lui furent prodigués lui permirent-ils d'échapper à une mort prématurée ?

Je l'ignore ; mais ce que je sais bien, c'est que de toutes les infâmes proscriptions de décembre, aucune ne m'a causé une plus vive indignation qui sera, je n'en doute pas, partagée par tous les honnêtes gens.

Je n'en finirais pas si je voulais raconter tous les épisodes navrants de la transportation qui sont venus à ma connaissance. Il est cependant une anecdote que je ne puis passer sous silence. Elle peint mieux que bien des pages de récriminations tout ce qui a pu se commettre d'infamies sous la terreur bonapartiste.

La maisonnette que j'avais louée était située, comme j'ai dit plus haut, au sommet d'un coteau. Un peu plus bas se trouvait une petite maison mauresque. Un jour, le nouveau locataire de cette modeste habitation, petit homme d'une trentaine d'années, bien mis, ayant les dehors et les manières d'un homme bien élevé, me fit une visite, comme voisin et en qualité de co-transporté. Ce dernier titre lui assura sur-le-champ toutes mes sympathies. Je le reçus cordialement, et les premiers compliments échangés, je me mis à parler de la République, notre déesse à nous tous.

Jugez de mon étonnement quand mon visiteur me déclare carrément qu'il n'est pas républicain.

— Ah çà! vous êtes donc un espion, m'écriai-je brusquement. M. C... ne se fâcha pas. Et il me répondit en souriant que s'il n'était pas encore républicain, grâce aux persécutions que lui faisait subir le pouvoir, il était en train de le devenir.

Il se prit alors à me raconter les motifs de sa transportation. « J'étais, me dit-il, le plus riche propriétaire d'une commune importante dans un des départements de la Bourgogne. La population du village se composait de deux tiers de catholiques et d'un tiers de protestants. Ces derniers, comme cela était leur droit, réclamaient depuis plusieurs années l'édification d'un temple pour pratiquer leur culte. Le curé, en raison de la grande influence qu'il exerçait sur les membres du conseil municipal, et particulièrement sur le maire, qui était un simple paysan, presque illettré, avait toujours fait rejeter cette juste réclamation. Quoique catholique moi-même, je fus indigné d'une telle injustice. Voulant enfin mettre un terme à cet abus d'influence cléricale, j'usai de mon autorité sur mes collègues du conseil municipal et je parvins à faire voter, à une forte majorité, les fonds nécessaires à l'érection du temple protestant.

« Le curé me voua, depuis ce jour, une rancune, une haine de prêtre. Vinrent les jours des proscriptions. Cet ignoble cafard obtint de la faiblesse et de la stupidité du maire une dénonciation par laquelle on me signalait à l'autorité départementale comme un homme dangereux, comme un ennemi de la famille et de la propriété. J'avais, monsieur, vingt mille francs de bonnes rentes en biens au soleil et j'étais notoirement connu de tous comme un bon père et un bon époux. Je fus arrêté, comme tant d'autres habitants de mon département; je fus maltraité, enchaîné et jeté dans les prisons; on me mena de brigade en brigade à Toulon, où l'on embarquait pour l'Afrique. Vous voyez maintenant, monsieur le colonel, que si je ne deviens pas républicain, ce ne sera pas la faute du gouvernement des hommes d'ordre de mon pays. »

Ce récit, que j'écoutai avec une attentive curiosité, augmenta, si cela était possible, le mépris et l'horreur que m'inspiraient les forfaits des vainqueurs de cette déplorable époque.

Je me liai avec M. C... qui m'inspirait par son honnêteté le plus sympathique intérêt.

Les sentiments de tendresse que cet excellent homme exprimait en me parlant de sa femme m'émurent vivement. Je compatis à ses peines. Mais combien grandit ma commisération, lorsque je connus toute l'étendue des malheurs dont il était réellement accablé! Car ce qu'il m'avait raconté ne constituait, hélas! qu'une bien faible part de ses maux.

Peu après sa visite, j'eus en effet occasion de voir un de ses compatriotes, homme honorable en qui j'avais mille raisons de placer ma confiance ; je lui parlai de mon nouveau voisin et de tout ce qu'il m'avait raconté. « Ce que M. C... vous a dit, colonel, est exact, me dit mon ami, mais il n'a pu vous faire connaître ce que tout le monde dans le pays sait, et que lui seul, en sa qualité de mari, ignore. Madame C..., une des plus jolies femmes de la Bourgogne, a pour amant, au grand scandale des honnêtes gens de la commune, le curé lui-même. Et, c'est pour être plus libre dans ses relations coupables avec elle, que le misérable a réussi par ses abominables intrigues à faire comprendre au nombre des transportés l'infortuné M. C..... »

Cette révélation porta à son paroxysme mon indignation contre cet infâme prêtre, en même temps que ma profonde pitié pour sa victime.

Quelque temps s'écoula. M. C..., qui connaissait mes relations amicales avec le général, me pria de lui servir d'intermédiaire et de lui faire obtenir l'autorisation de passer trois mois en France. Ce genre de faveur s'obtenait difficilement, « mais, me disait M. C... si je demeure trop longtemps éloigné de ma femme, qui m'aime éperdument, elle en mourra de chagrin ! » Ce n'était pas à moi de le détromper.

Je m'empressai donc de faire une démarche auprès du général. Je reçus l'accueil bienveillant auquel j'étais d'ailleurs habitué.

Toutes les demandes de retour temporaire pour intérêts majeurs, que faisaient les transportés, devaient après l'avis favorable du gouverneur de l'Algérie, être transmis au ministre de l'intérieur à Paris. Celui-ci les communiquait aux préfets, qui avaient ordre de faire prendre des renseignements sur les dangers que pourrait faire courir à l'ordre public la présence momentanée de proscrits dans leurs communes originaires. La demande de M. C.... suivit cette filière.

Au bout d'un mois, cet infortuné eut la double douleur d'apprendre qu'il ne pouvait être fait droit à sa demande, et de lire en marge de sa pétition de l'écriture même du misérable curé ces paroles : « La tranquillité de la commune a été complète depuis le départ de M. C.... pour l'Afrique ; s'il reparaissait aujourd'hui, il serait à craindre que sa présence ne causât une grande agitation dans les esprits, et que par suite le village ne devînt le théâtre de troubles sérieux. »

C'était plus qu'il n'en fallait pour faire rejeter la demande de M. C.... ! Il était, du reste, excessivement rare qu'on fît droit aux demandes de même nature adressées au ministre. Les proscripteurs et les délateurs redoutaient encore à cette époque de se trouver en face de leurs victimes.

Mais, en vérité, dire que M. C.... pouvait être un homme dangereux pour la tranquillité publique, c'était là une affreuse dérision. M. C.... était, sans contredit, l'homme le plus inoffensif que j'aie rencontré de ma vie. Le malheureux, ne soupçonnant pas les motifs honteux qui faisaient agir le curé, attribuait cet acharnement à une pure rancune de prêtre. Il était bien loin de se douter que l'ignoble cafard cédait moins à un sentiment de haine qu'au désir de satisfaire librement le dévergondage d'une cynique passion.

En présence de ces ignominies mon indignation n'eut plus de bornes. Je résolus, autant par juste colère contre les coupables que par intérêt pour M. C...., de tout mettre en œuvre afin de déjouer les calculs de l'indigne prêtre. Je connaissais la bienveillance du général. J'allai le trouver. Je lui racontai tout. Ses sentiments d'époux et de bon père de famille furent révoltés. « M. C.... ira troubler les amours de ce gredin, me dit-il, je vous en réponds. » On procura à M. C.... un certificat de grave maladie émané de deux médecins civils ; M. Léonard, médecin principal de l'hôpital militaire, savant homme, aussi humain et serviable qu'instruit, confirma, dans un certificat de contre-visite, ladite déclaration de dangereuse maladie.

M. C.... obtint ainsi directement du gouverneur général un congé de convalescence de trois mois pour aller respirer l'air natal.

Qu'est devenu ce pauvre M. C....? A-t-il connu l'infâme trahison de sa femme? A-t-il châtié les coupables? Je n'en sais rien ; car je ne l'ai plus revu en Afrique.

Je conviens qu'ainsi dénuée de conclusion, mon anecdote est incomplète ; mais j'ai promis de ne raconter que ce dont je suis sûr.

J'ai dit précédemment que la transportation avait été pour la plupart des citoyens qui la subirent une cause de ruine. Je dois ajouter que de nous tous les plus promptement ruinés furent les notaires. Or, — cela pourra paraître surprenant à ceux qui connaissent peu les campagnes, — la classe honorable des notaires a fourni un notable contingent à la déportation. Les notaires proscrits voyaient péricliter infailliblement leurs études ; des concurrents, qui parfois avaient été leurs délateurs, en profitaient pour satisfaire déloyalement leur cupidité. Je pourrais désigner plus d'une localité où certains notaires n'inspirant aucune confiance au public, dénoncèrent des collègues républicains jouissant de la considération générale, et les firent transporter, dans l'unique but de s'emparer forcément de leur clientèle.

Un de mes bons amis, le citoyen Saget, transporté, habitant comme moi les environs d'Alger, était notaire à Premery (Nièvre) au moment de son arrestation.

Pour sauver l'étude d'une ruine totale, M. Saget, père, vieillard de 80 ans, en avait pris la gérance. Le fils, ne pouvant consentir à laisser longtemps le poids de cet énorme fardeau à son vieux père, signa une demande de soumission pour éviter la ruine de sa famille, et rentra dans ses foyers. Mais à peine avait-il pu embrasser ce vieux père, pour lequel il avait consenti au sacrifice d'une humiliante soumission, qu'il fut de nouveau l'objet de délations iniques qui eurent pour conséquence son internement à Orléans. Je n'accuse pas ses concurrents en notariat. Mais il est clair que si la dénonciation n'a pas été leur fait, ils en profitèrent amplement.

Il ne faisait guère bon rentrer en France dans ces premiers temps de la terreur bonapartiste !

Voici un autre trait de nature à donner une idée de l'arbitraire qui s'exerçait en ce temps maudit. Un transporté, qui exerçait à Clamecy (Nièvre) la profession de pâtissier, avait obtenu de rentrer dans ses foyers et d'être rendu à ses affaires commerciales, dans le courant de l'année 1853. C'était un fort brave homme, d'une conduite irréprochable, qui reprit avec ardeur son travail. Un jour qu'il se promenait sur la place, il eut le malheur de rencontrer le sous-préfet. Le regarda-t-il ? Le fixa-t-il ? C'est peu probable, car le pâtissier était atteint d'un strabisme des plus prononcés.

Quoi qu'il en soit, le lendemain le sous-préfet le mandait devant lui et lui signifiait de se mettre en mesure de partir, sans retard, pour Limoges, où il devait être interné. — « Mais, monsieur, pourquoi m'infligez-vous cette nouvelle peine, demanda le pauvre diable ? » — « Parce que hier, quand vous êtes passé près de moi, vous m'avez impertinemment regardé de travers. » — « Mais, monsieur le Sous-Préfet, je vous prie de le remarquer, c'est mon regard ordinaire ; vous devez vous apercevoir que je louche. » Le satrape de bas étage qui tyrannisait alors Clamecy ne tint nul compte de cette observation. L'ordre était donné ; le pâtissier partit pour le lieu de son internement, laissant de vieux parents privés de leur seul soutien.

Entre autres proscrits auxquels il m'a été donné d'être utile, il en est un autre dont l'histoire peut être intéressante à raconter. Le citoyen Tiriou, habitant d'une commune du département du Loiret, avait été transporté avec son fils, âgé de 20 ans. Il s'était installé, à peu près à la belle étoile, non loin de ma maisonnette, au village de Mustapha. L'insuffisance d'abri lui avait fait contracter une fièvre qui mettait ses jours en danger. Touché de son état, je m'intéressai à ce père de famille, et je le pris chez moi pour lui donner des soins plus efficaces que ceux qu'il aurait reçus à l'hospice. Je fus assez heureux pour le sauver de la mort qui le menaçait, et je le gardai longtemps auprès de moi quand il fut revenu à la santé. Je transcris ici le récit de sa transportation tel qu'il me le fit à l'époque de sa convalescence. « Je tenais, me dit-il, une auberge dans mon village ; j'avais eu la douleur de perdre ma première femme, mère du fils qui est aujourd'hui en Algérie avec moi. Ne pouvant me passer, dans mon commerce, d'une maîtresse de maison, je m'unis en secondes noces à une noblesse du pays, à mademoiselle de Lajolive, qui, en raison d'une faiblesse qu'elle avait commise et qui l'avait rendue mère d'un fils, consentit à épouser un roturier, à devenir la femme d'un aubergiste de village.

« Ma nouvelle compagne avait un frère, le chevalier de Lajolive, qui habitait la commune. Bien qu'il fût un réactionnaire exalté, il n'avait jamais cessé d'avoir de bonnes relations avec mon fils et moi.

« A la nouvelle du coup d'État du 2 décembre, la garde nationale du village, dont j'étais le capitaine commandant, prit les armes avec la ferme résolution de défendre la constitution. Bon républicain, j'encourageais de mon mieux mes concitoyens à résister au coup d'État. Mais, rien dans nos propos ni dans nos actes ne pouvait indiquer que nous eussions de mauvais desseins contre les personnes et les propriétés. Pères de famille, et pour la plupart propriétaires, nous avions un intérêt personnel à assurer l'ordre dans notre pays. Nous ne voulions qu'une chose : résister en honnêtes républicains aux violateurs du pacte fondamental.

« Le chevalier de Lajolive, mon noble beau-frère, en sa qualité de réactionnaire émérite, se crut néanmoins en danger à la vue de notre prise d'armes, et galopé par une peur inexplicable, il alla se cacher au fond d'une grotte située dans un bois voisin du village.

« La garde nationale de la commune garda une fière

attitude jusqu'au jour où le courrier de Paris annonça que la résistance avait été vaincue dans la capitale. Peu après, une colonne de gendarmerie marcha contre nous. La résistance eût été bien inutile. Mais je dois dire qu'on n'y pensa guère. Les plus compromis s'enfuirent. Je fus informé par des amis que les gendarmes me cherchaient. Sans quitter mon uniforme d'officier de la garde nationale, je me dirigeai vers la forêt, songeant à me cacher momentanément dans la grotte. En m'apercevant, le chevalier de Lajolive, que je n'y savais point caché, me dit plus mort que vif : « Tiriou, ne me fais pas de mal ! » — « Tu sais bien, lui répondis-je, qu'en aucun cas je ne serais capable de te faire de mal ; mais tu peux te rassurer complétement. Les républicains sont vaincus pour le quart d'heure, et le village est occupé par un escadron de gendarmerie. Laisse-moi prendre ta place dans la cachette, et ne dis à personne que je suis ici. »

« M. le chevalier de Lajolive, rassuré, se rendit au village. Le coquin n'eut rien de plus pressé que de faire connaître la retraite de son beau-frère. Il nous dénonça, mon fils et moi, comme les hommes les plus dangereux de la commune. Ainsi, c'est à un homme, à un parent qui m'avait obligation, dont j'avais réhabilité la sœur en l'épousant, que j'ai dû d'être transporté en Afrique avec mon fils, et de voir mon modeste avoir dissipé en mon absence par ma seconde femme, qui est bien loin d'avoir les goûts d'économie, l'activité et l'ordre de ma pauvre défunte ! »

L'histoire de mon pauvre Tiriou n'est-elle pas, dans sa vulgarité, un saisissant exemple des misères que la terreur bonapartiste fit endurer à tant de braves gens.

Vers la fin de 1852, j'eus à subir une épreuve assez délicate.

L'internement dont jouissaient les transportés en Afrique ne leur avait été accordé qu'à titre provisoire. Pour leur imposer une nouvelle humiliation, on exigea d'eux qu'ils fissent individuellement, au Président de la République, une demande d'internement définitif.

Voici en quels termes je fis la mienne :

« Birmandreis, le 21 septembre 1851.

« Monsieur le Président de la République,

« Lorsque je débarquai en Afrique, le 27 mai dernier, il était urgent que je donnasse des soins à ma santé, gravement altérée par les cinq mois de détention que j'avais subis arbitrairement dans diverses prisons, et notamment dans la batterie basse du vaisseau *le Duguesclin*.

« Je fis un appel aux sentiments d'humanité de M. le Gouverneur général de l'Algérie; il ne resta pas insensible aux souffrances d'un homme âgé de cinquante-sept ans; il entendit la voix d'un ancien officier supérieur, qui avait servi honorablement trente-huit ans son pays, et cet officier général rendit, le 2 juin dernier, une décision par laquelle il autorisait mon internement provisoire dans la commune de Birmandreis.

« J'ai l'honneur de vous prier, monsieur le Président, de vouloir bien rendre cet internement définitif, en l'étendant sur toute l'Algérie, afin que je puisse faire usage des bains thermaux, qui me sont conseillés par les médecins, et qui sont indispensables au rétablissement de ma santé.

« Vous ne serez pas moins humain que M. le Gouverneur général !

« Je suis, etc.

« Mouton. »

Le général Pélissier, devenu par la suite duc de Malakoff, était gouverneur général de l'Algérie, par intérim, au moment du coup d'État du 2 décembre. Je dois dire qu'il n'accepta le nouveau régime que lorsque toute la France s'y était déjà résignée. Aussi les proscriptions de cette fatale époque ne l'eurent-elles jamais pour approbateur.

Dans les premiers jours de décembre 1851, le président de la République avait expédié en Algérie un commissaire de police spécial muni de pleins pouvoirs, à ce qu'il paraît, puisque cet émissaire de la rue de Jérusalem, après quelque temps de séjour à

Alger, se présenta chez le gouverneur général porteur d'une liste de soixante-seize personnes notables de la ville, dont il demandait l'éloignement immédiat de l'Algérie et la transportation en dehors du territoire de France.

Le général prit cette liste des mains du commissaire spécial. Il lut attentivement les noms des citoyens qu'elle contenait. Il les connaissait tous depuis longtemps. « Tenez, dit-il avec cet accent de brusquerie militaire qui le caractérisait, il manque un nom à votre liste. F...ez-y le vôtre, et f...ez-moi la paix ! »

Le commissaire spécial, abasourdi, se retira ayant l'oreille basse. Le jour même, le gouverneur lui faisait signifier qu'il n'avait pas besoin de ses services, et lui transmettait l'ordre de s'embarquer, le lendemain, pour la France.

On sait que les colons algériens, républicains pour la plupart, votèrent en majorité contre le coup d'État, lors du fameux plébiscite. Aucun d'eux ne fut néanmoins persécuté. Je suis convaincu qu'ils l'ont dû à la façon dont le général Pélissier accueillit la première tentative de délation, celle que je viens de raconter.

Le témoignage que je rends aux bons sentiments de Pélissier est bien désintéressé ; car sa mémoire seule y gagnera.

Ce maréchal était parfois brutal et emporté, mais

c'était chez lui violence de caractère, et non méchanceté. Il était plutôt un bourru bienfaisant.

Puisque j'ai occasion de parler de cette célébrité militaire, qu'on me permette de rapporter un autre incident, où il apparaît parfaitement avec son franc parler, envers les puissants comme envers les autres.

Depuis plus d'un mois, on jouait sur le grand théâtre d'Alger le *Juif-Errant*, pièce tirée du fameux roman d'Eugène Sue. Les tirades contre les jésuites étaient toujours applaudies avec fureur par le nombreux public qui assistait à chaque représentation.

Le clergé en ressentait un dépit extrême.

L'évêque d'Alger, M. Pavie, alla trouver le maréchal Pélissier, et lui demanda s'il avait connaissance des scandales qui se produisaient chaque soir au grand théâtre, à l'occasion de ces représentations du *Juif-Errant*? Le maréchal eut l'air de ne pas comprendre. L'évêque alors détailla les choses, et supplia instamment le maréchal d'user de son pouvoir discrétionnaire pour interdire désormais les représentations de cette pièce.

« Bah! repartit alors le maréchal, ces braves gens jouent leur comédie; laissez-les la jouer à leur aise, et vous, mon cher, continuez à jouer la vôtre! »

L'évêque, homme d'esprit et parfois philosophe, ne put s'empêcher de sourire. Des deux côtés on continua de jouer la comédie, et les affaires n'en allèrent pas moins bien.

Avant de clore ces trop longs récits des premiers temps de la transportation, je demande à mes lecteurs un instant d'attention pour un épisode qui prouve que l'ancien captif de Ham a proscrit jusqu'à ses amis personnels.

Parmi les hommes de lettres qui avaient fréquemment visité le prince Louis Bonaparte au fort de Ham, se trouvait un journaliste de talent, M. Capo de Feuillide. Le prince l'avait accueilli avec une distinction toute particulière. Une intimité parfaite s'était établie promptement entre ces deux hommes. De nombreuses lettres furent échangées entre eux. J'en ai lu moi-même une adressée par le prince à M. Capo de Feuillide, dans laquelle il lui disait, entre autres choses : « Plus je réfléchis, plus je vois qu'il existe
« une grande analogie entre vous et moi..... Vous
« m'apprenez une bonne nouvelle; vous me dites que
« madame de Feuillide est enceinte. Puisse-t-elle
« mettre un enfant mâle au monde! Je vous deman-
« derai l'honneur d'en être le parrain, et si jamais
« j'arrive, l'avenir de cet enfant sera assuré. »

Madame de Feuillide mit un enfant mâle au monde. Le prince en fut le parrain. Le prince *arriva*, et M. Capo de Feuillide, à la suite du coup d'État du 2 décembre, fut arrêté, conduit, de brigade en brigade par la gendarmerie, de Bayonne à Toulon, embarqué, jeté sur le sol africain, ruiné, sa femme et ses deux enfants réduits à une affreuse misère dont ne les retirèrent que les secours généreux des démocrates des Basses-Pyrénées, qui, malgré la terreur bonapartiste, eurent le courage d'ouvrir une souscription clandestine pour assurer la subsistance de madame Capo de Feuillide, de ses enfants et de son mari lui-même, interné sans ressources sur la terre algérienne !

Quelques mots de récapitulation.

En novembre 1848, M. Capo de Feuillide étant venu à Paris, alla faire une visite au citoyen Louis-Napoléon (c'est ainsi qu'on l'appelait alors). Il occupait un appartement à l'hôtel du Rhin, place Vendôme. M. Capo de Feuillide fut cordialement accueilli. Au moment de leur séparation, le prince ne manqua pas de recommander à son ami sa candidature à la présidence de la République. M. Capo de Feuillide eut la loyauté de lui dire qu'il se rendait à Bayonne pour prendre la direction d'un journal républicain, dans lequel il soutiendrait une candidature autre que celle de Louis-Napoléon. Il lui exprima ses regrets d'ami personnel, mais lui dit sans ambages qu'il ne croyait pas qu'un prince de la famille Bonaparte pût être, dans les circonstances, l'homme destiné à affermir en France le régime républicain. Louis-Napoléon n'eut pas l'air offensé de cette déclaration. Ils se quittèrent amicalement, mais les situations respectives ayant été franchement accusées.

M. Capo de Feuillide tint parole. Cependant, à mon avis, il manqua d'intelligence républicaine, en soutenant une candidature, honnête et honorable sans doute, celle de M. de Lamartine, mais qui, indépendamment de l'absence de toute chance sérieuse de réussite, ne convenait pas à la situation. Mais je ne dis pas cela pour diminuer Capo de Feuillide. Il agit en conformité de ses principes et selon sa conscience.

Trois années se passèrent. Capo de Feuillide lutta énergiquement, par la plume et la parole, pour la défense de la République.

A la nouvelle de la perpétration du coup d'État, il agit en citoyen fidèle et énergique. Il protesta avec indignation contre l'attentat de décembre. L'autorité civile et militaire de Bayonne dut compter, pendant vingt-quatre heures, avec la résistance morale dont il était le plus influent promoteur. Et ce ne fut qu'après avoir reçu de Paris la triste nouvelle que toute résistance avait été vaine, que Capo de Feuillide dut renoncer à l'espoir de constituer à Bayonne un centre de lutte contre le coup d'État. La force armée envahit l'imprimerie de son journal. Il fut arrêté sur la brèche, peut-on dire, car il n'eût tenu qu'à lui de s'enfuir. La commission mixte des Basses-Pyrénées lui fit l'honneur de le désigner pour la transportation.

J'eus l'avantage de faire sa connaissance peu de jours après son débarquement, connaissance que j'ai toujours été très-heureux de cultiver pendant le temps qu'il a passé en Afrique.

En 1853, le gouverneur général Randon, au retour d'un voyage à Paris, invita, par lettre, M. Capo de Feuillide à se rendre à son palais d'été de Mustapha supérieur. M. Capo de Feuillide s'y rendit à l'heure indiquée, et fut reçu avec une distinction et une bienveillance marquées, par le gouverneur général. Je résume ainsi, d'après le récit de M. Capo de Feuillide, l'entretien qui s'engagea :

« — Monsieur Capo de Feuillide, lui dit le général Randon, dans une conversation que j'ai eue avec l'Empereur, Sa Majesté me demanda si, parmi les transportés qui étaient en Algérie, je vous connaissais? Je dus répondre que leur nombre était si grand qu'il m'était impossible de les connaître tous. Alors l'Empereur m'ordonna de vous faire venir devant moi, aussitôt après mon retour en Afrique. C'est ce que j'ai fait, en vous invitant à vous présenter aujourd'hui à mon palais d'été.

« Sa Majesté m'a enjoint de vous donner l'ordre de rentrer en France sans retard, mais d'ailleurs sans conditions, sans vous imposer aucun acte de soumission.

« — Aller en France pour y mourir de faim, répondit M. Capo de Feuillide, serait pour moi une nouvelle souffrance à ajouter à celles que j'endure depuis plus d'un an. Aussi suis-je déterminé à rester en

Afrique pendant tout le temps que mon pays sera privé de ses libertés.

« — J'aurais, s'il le fallait, tous les moyens de faire exécuter les ordres de l'Empereur.

« — J'ai été jeté sur cette terre comme un colis, on peut employer les mêmes moyens pour me rendre à une patrie que je voudrais voir libre ; employez, si vous le voulez, un goum arabe pour faire violence à ma volonté. Vous ne ferez, du reste, monsieur le Gouverneur, qu'imiter en cela ceux qui dominent notre pauvre France, naguère si grande et si libre, et aujourd'hui si abaissée !

« — Votre refus me contrarie et m'embarrasse extrêmement. Que pourrai-je répondre à l'Empereur ?

« — Tranquillisez-vous, monsieur le Gouverneur ; je me charge de faire moi-même cette réponse pour demain. Obligez-moi seulement de vouloir bien vous charger de la lui transmettre. »

Le gouverneur accepta cette proposition, et le lendemain il recevait la lettre suivante, dont une copie originale, signée de son auteur, est entre mes mains :

A M. le général, comte Randon, gouverneur général de l'Algérie.

Monsieur le Gouverneur,

« L'entretien, tout bienveillant de votre part, auquel vous m'avez fait l'honneur de m'appeler, m'a remué profondément.

« Mais plus j'ai réfléchi, plus j'ai reconnu que je ne saurais adresser directement au chef de l'État les explications, que, cédant au premier moment d'émotion, je vous avais prié de lui transmettre.

« C'est qu'en moi, il y a tout ensemble, l'ami du prince Louis-Napoléon aux jours de sa captivité, le proscrit, aujourd'hui, du deux décembre, et le père de famille ; de même qu'en lui, il y a pour moi, le prisonnier de Ham, l'empereur des Français, le parrain de mon fils...

« Ami du prince Louis-Napoléon, malgré vingt-deux mois d'exil, subis par son ordre, pour les nécessités de sa politique, j'aime encore sa personne pour les grandes qualités de cœur que je lui ai connues. Je l'aime aussi sincèrement qu'au temps où il m'écrivait : « Je veux être le premier à vous écrire directement, « venez donc vite me voir, je vous recevrai à bras ou- « verts. » — et, où, seul peut-être, contre tous, dans mon histoire du château de Ham, je le vengeais des insulteurs de son infortune devenus les courtisans de sa puissance.

« Proscrit du 2 décembre, ma foi politique me commande de ne voir dans l'empereur que le prétendant qui a passé par la présidence de la République, pour arriver à s'emparer plus sûrement de toutes les libertés pour lesquelles, j'ai écrit, j'ai lutté, je suis pauvre depuis plus de vingt ans, pour lesquelles aujourd'hui je souffre la misère et l'exil.

« Père de famille, je songe avec tristesse, avec amertume, qu'en brisant ma plume, et en me jetant à la transportation, le 2 décembre m'a enlevé mon pain, le pain de ma femme et de mes deux enfants; que Louis-Napoléon le savait et qu'il ne m'en a pas moins laissé proscrire, moi, qui n'étais et qui ne suis qu'un républicain démocrate de raison pure, amené à cela par les enseignements et la philosophie de l'histoire de mon pays. Je me dis surtout, avec désespoir, que sans les subsides de mes amis politiques, sans l'asile que lui donne son frère, ma digne et courageuse femme, avec mes deux enfants, pourrait être à l'aumône de la rue ou des bureaux de charité; que moi, après une longue et, j'espère, honorable carrière politique et littéraire, à l'âge de 54 ans, avec quelques infirmités, je serais réduit, sans eux, au régime énervant des camps de la transportation; qu'enfin, sans M. Emile de Girardin, mon ami, noble cœur, j'aurais dû laisser sans éducation, le fils, le filleul du prisonnier de Ham, le jeune et intelligent enfant de qui ses maîtres disent déjà qu'il sera un cœur résolu et un esprit distingué, et qui, dès sa première année au collége, vient d'obtenir des succès, ma consolation et mon espoir.

« Tous ces faits, tous ces sentiments, qui sont au fond de ma position exceptionnelle, monsieur le gouverneur, mon intelligence les apprécie, mon cœur les éprouve, mais ma plume serait inhabile à en exprimer convenablement les diversités, en apparence contradictoires. En écrivant directement au chef de l'État, si j'étais sincère, je paraîtrais audacieux et cruel. Si j'étais obséquieux, même timide, je me trouverais vil. Mieux vaut donc m'abstenir, non par crainte de dire ce que je pense, de montrer ce que je suis, ni par calcul ou prévision d'aucune sorte, mais par fatalité de situation, par impuissance.

« L'empereur, m'avez-vous dit, monsieur le gouverneur, s'est souvenu de moi et de mon enfant, — ami et père, ces mots m'ont vivement touché. Proscrit, le réveil de ce souvenir m'arrive tard, il ne peut me servir.

— L'empereur, m'avez-vous dit encore, veut me rendre la liberté. Pourquoi? Je ne l'ai pas demandée; je ne la demande point. Je suis de ceux qui se sont engagés si avant, que frappé d'exil par une mesure générale, je ne dois et ne veux accepter la liberté et la patrie que si elles me reviennent par une mesure générale, à titre de justice, non de faveur! Ou avec tous les proscrits en France, ou avec les derniers en exil.

« D'ailleurs, que ferais-je de la liberté? Je ne peux être qu'un écrivain; écrivain, je ne puis être qu'un libre penseur; et la presse n'est pas libre. Ma plume ne me rendrait donc pas mon pain et le pain des miens.

Que ma plume reste donc brisée jusqu'au jour de la résurrection de la libre pensée.

« Oh! sans doute, avec la liberté, je reverrais ma femme, ma fille, mon fils, mes amis, tous ceux que j'aimais et que j'aime. Mais, quoi! dans les prisons de Bayonne, dans les chambrées du camp de Birkadem, et ici sur les grèves de Hussein-Dey, cette plaie de la séparation a tant saigné qu'aujourd'hui les chairs en sont mortes et je peux me condamner à vivre avec cette douleur.

« Je le sais, monsieur le gouverneur, et malgré la délicatesse que vous y avez mise, vous m'avez donné à comprendre que je pourrais servir l'empire.

« Mon Dieu! Je ne suis ni un sectaire, ni un fanatique, ni un ambitieux; mais j'ai ma raison, j'ai ma conscience, deux voix que je me suis accoutumé à écouter et à suivre. Ma raison me dit que je ne puis déchirer les pages démocratiques de mes livres, ni reprendre les paroles que j'ai fait entendre, quatre fois en cour d'assises, dans la défense de mes procès politiques, ni effacer ma signature mise trois ans au bas des articles du journal qui m'a conduit ici. Ma conscience me dit que, pour rien au monde, je ne dois mentir, ni aux autres ni à moi-même. Or, je vous l'ai dit, il y a trois jours, monsieur le gouverneur, je le répète et le signe à tous risques et périls, — l'homme que j'étais à la veille et au lendemain du 2 décembre, je le suis encore : ce que je pensais alors, je le pense toujours. Ce n'est pas la première fois dans ma vie que j'ai dit à la fortune : Va-t'en! parce qu'elle frappait à la mauvaise porte.

« Donc, monsieur le gouverneur, misère et douleur en France avec la liberté, ou misère ou douleur en Algérie avec l'exil, je choisis l'Algérie et l'exil. Qu'on m'y laisse traîner jusqu'au bout, sans m'infliger une grâce, dont je ne peux pas vouloir, le temps si long soit-il, fixé pour ma transportation. Je ne me plains pas, je ne m'agite pas, j'ai joué, j'ai perdu, je paye sans demander ni délai, ni remise, voilà tout. On m'a oublié vingt-deux mois durant, qu'on m'oublie encore dans les arrangements que je me prépare en vue d'un long exil. Afin de tromper les ennuis qui traînent avec eux les souvenirs de la famille, de la patrie et des amitiés absentes, et aussi pour me créer un travail et des ressources où je conserve la dignité de l'écrivain et du proscrit, je vais me faire planteur.

« Je n'ai pas de terre, j'en affermerai; je n'ai point de capitaux, mes amis m'en prêteront ; et si je n'ai ni terres, ni argent, eh bien! je continuerai de vivre comme je vis depuis le 2 décembre, attendant, souffrant, espérant. Par bonheur je suis arrivé à l'âge où l'on commence à n'avoir plus bien longtemps à attendre, à espérer, à souffrir!

« Napoléon, monsieur le gouverneur, vous avait chargé d'interroger ma pensée, je vous l'ai dite; je vous l'écris, pour qu'il en reste des traces. Ami, père, proscrit, je me suis mis là tout entier. Sans doute l'empereur retirera la main qu'il étendait vers moi; mais le prisonnier de Ham, j'en suis sûr, me gardera, sinon son affection, au moins son estime. Celui qui, en décembre 1841 m'écrivait : — « Je peux dire sans « trop me flatter qu'il y a des rapports entre nous; » celui qui, en décembre 1851, ajoute un rapport de plus par ma proscription, comprendra que je veuille compléter la ressemblance en portant dignement mon exil, de même que lui s'est glorifié d'avoir noblement subi sa captivité.

« J'ai fini, monsieur, le gouverneur. Je n'ai plus rien à dire comme proscrit, si même si je n'ai déjà trop dit. Rien non plus comme père du filleul de Louis-Napoléon qui, en 1842, m'écrivait au sujet de ce cher enfant : — « je serai toujours prêt à protéger ses jeunes années, si jamais la fortune me mettait à même de récompenser mes amis, et de faire tout le bien que mon cœur souhaite à tous ceux que j'aime. »

« Comme ami du prisonnier et du penseur de Ham, laissez-moi, monsieur le gouverneur, vous prier de lui dire que je souhaite de toute mon âme, qu'il se serve de l'empire pour la prospérité et la grandeur du peuple qui le lui a confié, mais qu'il permette à ma voix, qu'il trouva toujours sincère, d'ajouter qu'en France le peuple n'est et ne se croit heureux et grand qu'avec la liberté. L'empereur, son oncle, crut y suffire avec la gloire, il se trompa, il fut trompé. Veuillez, monsieur le Gouverneur, agréer l'expression des sentiments respectueux avec lesquels,

« J'ai l'honneur d'être, monsieur le gouverneur, le transporté de Bayonne,

Signé : DE FEUILLIDE.

« P. S. Je joins à ma lettre, monsieur le gouverneur, l'histoire du château de Ham, sur laquelle vous m'avez permis d'attirer votre attention. A n'en lire même que la préface et le dernier chapitre, cette histoire publiée en 1842, et qui fut peut-être pour l'époque un acte de courageuse indépendance, vous dira la nature des services que j'ai pu rendre au prince Louis-Napoléon, combien j'ai dû alors aimer sa personne, et combien il me serait difficile d'avoir absolument cessé de l'aimer. Mais, par les principes politiques et sociaux qu'elle renferme, cette histoire vous dira aussi que, pour demeurer fidèle à ces mêmes principes, après la dernière entrevue avec le prince à l'hôtel du Rhin, en 1848, j'ai dû ne pas appuyer sa candidature, me séparer du président de la République, faire de l'opposition à son gouvernement, et protester, comme je l'ai fait, contre le coup d'État du 2 décembre.

« De ces faits, si divers, je n'ai aucun repentir, ni orgueil ; j'ai simplement obéi aux lois de la logique et de la conscience. C'est pour cela, monsieur le gouverneur, que, malgré ses misères, je porte légèrement mon exil, attendant sans impatience et sans me courber, le jour de la justice qui ne peut me faillir.

« Hussein-Dey, le 22 octobre 1853. »

Signé : DE FEUILLIDE.

CONCLUSION

CONCLUSION

J'arrête ici mes souvenirs de transportation. Les incidents qui ont marqué ma vie ultérieure en Afrique ne me paraissent pas de nature à intéresser le lecteur, dont la bienveillante patience m'a suivi jusqu'au bout. Je pourrais bien m'étendre sur quelques traits de la deuxième transportation, celle qui fut exécutée, après l'affaire d'Orsini, en vertu de l'exécrable loi de sûreté générale. Mais ce sujet a été amplement traité par MM. Ténot et Dubost, dans leur excellent travail, intitulé : les *Suspects* en 1858. Je n'y insisterai donc pas.

La tâche que je m'étais imposée est accomplie. J'ai dit ce que j'ai vu, ce que j'ai souffert. Pour les faits dont je n'ai pas été témoin moi-même, je n'ai parlé que sur le témoignage d'hommes dignes de foi.

Je souhaite vivement que quelques-uns de mes compagnons d'infortune, de ceux surtout qui ont subi la transportation dans les provinces d'Oran et de Constantine viennent combler les inévitables lacunes de mon récit. Je n'ai pu parler que de la transportation dans la province d'Alger, n'ayant jamais habité que cette partie de notre colonie africaine. A d'autres le soin de retracer les souffrances de Lambessa, des cachots de Bône, et celles subies sur les plages brûlantes de la province d'Oran. Il faut enfin que toutes les horreurs de cette fatale époque soient dévoilées, et que les malédictions des honnêtes gens retombent sur la tête des auteurs et des complices de nos persécutions.

Un dernier mot.

En 1825, la chambre des députés vota sans vergogne une indemnité de 1 milliard en faveur des émigrés qui, de 1789 à 1792, avaient volontairement déserté le sol de la patrie pour aller porter, sous les drapeaux de l'étranger, des armes criminelles contre la France régénérée.

J'ose espérer qu'il se trouvera bientôt une chambre française pour voter, non un milliard (nous, pauvres victimes du coup d'État, nous ne sommes pas aussi avides), mais une faible compensation de la ruine qui, pour beaucoup d'entre nous, a été la conséquence de la proscription.

Le milliard d'indemnité aux émigrés fut un acte de haute immoralité. L'indemnité aux proscrits de décembre ne serait qu'une tardive réparation de la plus monstrueuse des injustices. Nous ne quittâmes pas la patrie. On nous en arracha. Ce n'était point contre elle qu'on redoutait de nous voir tourner nos armes ! On nous proscrivit pour notre fidélité à défendre ses lois.

Certes, je ne me fais pas illusion ; je sais combien de haines et de préjugés s'opposeront à ce grand acte de réparation. Cependant il me serait doux de voir un des membres de cette jeune gauche républicaine, l'honneur et l'espoir de la France, porter cette réclamation à la tribune. Si la réparation matérielle nous manquait, la réparation d'honneur, je veux dire la proclamation à la face de la France, par la voix de ses représentants, que les proscrits de décembre furent les victimes de la plus inique, de la plus odieuse violation des lois et de la justice, cette réparation d'honneur, j'en suis sûr, ne nous manquerait pas.

FIN.

TABLE

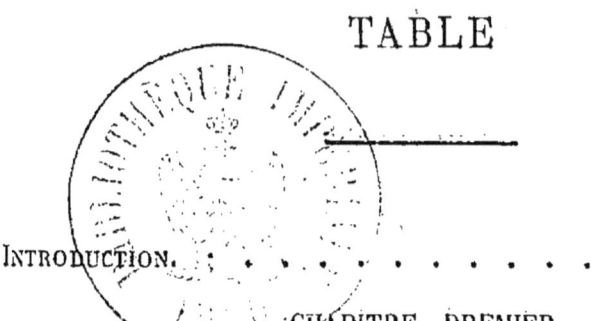

Introduction. v

CHAPITRE PREMIER

Les journées de juin fatales à la République. — Mon départ d'Orléans pour Paris avec les bataillons de guerre du 21ᵉ de ligne. — Agents de la réaction déguisés en officiers de la garde nationale. — Bruits sinistres répandus par eux. — L'homme et la femme de la rue des Postes. — Le général de Bréa retenu prisonnier par les insurgés. — Conduite de leur chef Bussière. — Assassinat du général. — Ma déposition devant le 2ᵉ conseil de guerre. — Manifestations du barreau à mon égard.   3

CHAPITRE DEUXIÈME

Mon commandement dans la garde mobile. — Aversion du Président de la République à mon égard. — Il ordonne de me faire sortir de Paris. Remise de mon commandement au colonel Duprat de la Roquette. — Manifestation des volontaires. — Mon entrevue avec le général de Picard à Saint-Denis. — Mon départ pour Nevers, où je prends le commandement d'une portion du 21ᵉ de ligne. — Actes arbitraires dont étaient frappés les républicains de l'armée. — Acclamation des soldats du 21ᵉ de ligne lors de ma première inspection. — Passage d'un bataillon de la garde mobile à Nevers. — Mon entrée à sa tête en ville. — Enthousiasme général. — Réunion des officiers, sous-officiers et soldats des deux corps. — Cordialité parfaite. — Mon discours d'adieux prononcé devant la troupe et plus de 4,000 personnes. — Ma carrière militaire brutalement brisée. — Compte-rendu par le journal *le Bien du peuple* de ma destitution. — Départ précipité du 21ᵉ de ligne de Nevers. — Élections législatives.

— Candidature improvisée du citoyen Guerbet, qui jette la division dans le camp républicain, et qui est cause de l'insuccès de la mienne. — Ma profession de foi aux électeurs de la Nièvre pour l'élection du 8 juillet 1849. — Mon nouvel échec dans cette élection. 23

CHAPITRE TROISIÈME

Mon retour à Paris. — Mon élection comme vice-président de l'association démocratique des Amis de la Constitution. — Protestation de cette Société contre la violation de la Constitution. — Manifestations dans Paris. — Rôle joué par le général Changarnier. — Ma candidature comme colonel de la 11e légion de la garde nationale. — Election ajournée indéfiniment. — Rentrée dans ma famille à Cherbourg. — Ma nomination au commandement de l'artillerie de la garde nationale. —'Fondation et condamnation du journal *la République du peuple*. — Manifeste en vue des élections du mois de mai 1852. — Réception toute républicaine faite au Président à Cherbourg. — Incident au bal. — Dissolution de l'artillerie de la garde nationale de Cherbourg. — Ma lettre d'adieux aux artilleurs. — Plan de résistance à organiser en province. 51

CHAPITRE QUATRIÈME

Mon installation dans le pavillon nord de ma propriété. — La nouvelle de la perpétration du coup d'Etat me parvient le 4 décembre. — Mes préparatifs de résistance. — Dispositions des habitants de Cherbourg. — Ordre de mon arrestation venu de Paris. — Détermination de me défendre. — Mon arrestation ajournée. — Craintes des autorités. — Je suis arrêté sur une grand'route. — Mon entrée dans la prison de Cherbourg. — Mandat d'arrêt ne portant aucune signature. — Envahissement de ma maison de campagne par une troupe de gendarmes. — Conduite ridicule et arbitraire du lieutenant de gendarmerie. — Bouleversement de toutes les parties de ma maison. — Enlèvement de mes armes, de tableaux, gravures et livres. — Anecdote grotesque du caveau. — Mon cachot. — Rigueurs exercées à mon égard. — Dévouement de Guillaume. — Avantages que j'en ai retirés dans ma prison 69

CHAPITRE CINQUIÈME

Le Préfet de la Manche, M. de Tanlay, récompensé pour m'avoir fait arrêter. — M. Jourdain le remplace. — Ma lettre à ce dernier. — Il donne sa démission. — Mes deux lettres à M. Fossé, procureur impérial, restées sans réponse. — Première lettre au sous-préfet de Cherbourg, restée aussi sans réponse. — Seconde lettre à ce fonctionnaire, cette fois honorée d'une réponse. — Seconde lettre au Préfet de la Manche. — Son silence. — Mes lettres à ces différents fonctionnaires, mes protestations, mon langage comminatoire leur donnent de pénibles préoccupations. — On m'accuse de divers délits. — Mon interrogatoire. — Appel aux sentiments d'honneur de mes juges. — Je suis demandé à la geôle. — Démarche bienveillante de M. Vielle, greffier. — Il m'annonce que la Chambre du conseil a rendu une ordonnance de non-lieu à mon égard et que je suis libre. — On me communique une lettre du sous-préfet, qui ordonne de me retenir prisonnier. — Refus de me remettre cette lettre. — Explosion de mon indignation. 91

CHAPITRE SIXIÈME

Lettre au sous-préfet pour lui demander un traitement plus humain. — Je reçois la visite de ce fonctionnaire, accompagné du procureur de la République. — Bons procédés du premier et apostrophes que j'adresse au second. — Je suis transféré à la prison de Saint-Lô. — Une femme du peuple me reconnaît à mon passage sur le port du Commerce. — Ma conversation avec mon ami Marie que je ne devais plus revoir. — On m'interdit une parole d'adieu à ma fille. — Mon arrivée dans la prison de Saint-Lô. — Lettre au préfet intérimaire. — Sa réponse. — Arrivée du préfet Paulze d'Ivoy à Saint-Lô. — Lettre à ce nouveau préfet. — Inconvenance et cruauté de ce fonctionnaire. — Mon isolement. — Le journal *la Patrie* mis à ma disposition. — Moyen employé pour correspondre secrètement avec les miens. — Une cousine ne peut obtenir l'autorisation de me voir. — Silence calculé tenu à mon égard par les ministres de la guerre et de l'intérieur. — Mes anciennes relations avec le ministre de la justice m'engagent à lui écrire. — Aucune réponse n'est faite à ma lettre. 119

CHAPITRE SEPTIÈME

Cent mille républicains emprisonnés. — Les Commissions mixtes comparées aux Cours prévôtales de 1815. — Rôle odieux des Commissions mixtes. — Les infirmités actuelles du suffrage universel. — Mes illusions sur les intentions du gouvernement à mon égard. — J'écris au général à ce sujet. — Sa réponse. — Inconvenances et lâchetés du préfet et du procureur de la République à mon égard. — Leçon un peu dure que j'inflige au préfet. — Une note non signée m'informe que la Commission mixte s'est occupée de moi. — La Commission mixte rend une première décision à mon sujet. — Cette décision est annulée par les trois ministres. — Ils ordonnent de me frapper plus durement. — Servilisme de la Commission. — Un gendarme m'apporte une note non signée du préfet, qui me prévient de me tenir prêt à partir le lendemain pour Brest. — Nouvelles duretés du préfet à mon égard. — Souvenir du 20 avril 1814. — Ma sortie de la prison de Saint-Lô. — J'arrive à Villedieu. — Je suis jeté dans un chenil infect. — Idée de suicide. — Mon départ précipité pour Avranches. — Excellents procédés du concierge. — Heureuse surprise causée par l'apparition et les paroles de madame Bazire. — Avanies que cela lui causa. — Louable conduite des maires de Dôle et de Lanniou et d'un maréchal des logis de gendarmerie 143

CHAPITRE HUITIÈME

Arrivée à Brest. — Mon ancien camarade, le colonel Simonet. — Le préfet me refuse un entretien. — On m'annonce qu'on va m'embarquer sur le vaisseau *le Duguesclin*. — Arrivée sur le *Duguesclin*. — Le capitaine Mallet, un autre de mes anciens camarades, devenu notre geôlier. — Apostrophe du capitaine de frégate Picard, et ma réplique. — Descente dans la batterie basse du vaisseau. — Impression produite par l'aspect de cet enfer. — Manque de lumière et d'air respirable. — Etat maladif des prisonniers. — Souffrances inouïes. — Je rencontre plus de 200 citoyens de la Nièvre. — Entrevue avec le capitaine Mallet. — Haine des marins pour le capitaine Mallet. — Légères améliorations apportées à notre régime. — Nobles paroles du médecin en chef. — Action louable de M. Lejeune, mon ancien officier d'ordonnance. — Conduite indigne du capitaine Mallet. — Compos tion des détenus. — Forçats placés au milieu de nous. — Notre indignation. — Projet de révolte. — Férocité du lieutenant Fabre. — Nous croyons partir pour Cayenne. — Notre joie à cette pensée. 169

CHAPITRE NEUVIÈME

Notre transbordement sur le *Mogador*. — Adieux à nos camarades. — Nous acclamons la République. — Mon arrivée sur le pont du *Mogador*. Le gendarme Lansdat. — Nous apprenons enfin qu'on nous transporte en Afrique. — Humanité du commandant Othon. — Installation à bord de la frégate. — Attention bienveillante du médecin à mon égard. — Mon entrée à l'infirmerie du bord. — Ailliès, le second de la frégate. — Son emportement à l'occasion de la mise aux fers d'un jeune transporté. — Ma réponse. — Navigation heureuse. — Débarquement à Alger. — Salut des marins. — Installation au lazaret. — Offre obligeante du capitaine. — Mon refus motivé. — Proposition d'évasion. — Ma santé s'améliore. — Honorable conduite du général Darmandie. — Lettre au gouverneur. — On nous transfère au camp de Birkadem. — Le lieutenant Muller — Le gouverneur m'accorde l'internement. — Rencontre de mon ami Lébuhotel. — J'accepte sa fraternelle hospitalité. 193

CHAPITRE DIXIÈME

Liberté limitée dont je jouissais. — Fin de mes misères. — Tableau de celles que j'avais sous les yeux. — Mes efforts pour les atténuer. — Traitement subi par les transportés en Afrique. — Travaux pénibles auxquels ils étaient soumis. — Mortalité des transportés à la Bourkika. — Cachots de la citadelle de Bone. — Position affligeante des internés privés de moyens d'existence. — Je loue une petite habitation. — Hospitalité offerte à mes compagnons d'infortune. — Nouveaux ennuis auxquels cette action m'expose. — Rapport du commissaire de police contre moi. — Surveillance de la gendarmerie. — On me communique le rapport du commissaire et la réponse du gouverneur à ce fonctionnaire. — Visite du général Espinasse au camp de Birkadem. — Son impudence. — Le jeune Richard. — Sa réponse au général qui l'insultait. — Le général Paté. — Sa bienveillance. . 209

CHAPITRE ONZIÈME

Arrivée de nouveaux convois de transportés en Algérie. — Je procure du travail à un certain nombre d'entre eux. — La Maison-Carrée. — Le jeune Bordère. — Sa maladie et sa mort. — Condamnation à mort de trois jeunes transportés. — Conduite du commandant la place d'Alger à leur égard. — Le 2e conseil de guerre les acquitte. — Les femmes transportées. — Madame Pauline Rolland. — Mademoiselle Louise. — Son arrivée à la préfecture de police. — Son débarquement en Afrique. — Tragique épisode. — Sa maladie. — Son retour en France. — Conduite ignoble d'un prêtre envers le transporté C... — Délations. — Les notaires ruinés. — Un citoyen persécuté à cause du strabisme dont il est atteint. — Tirion, généreux envers un réactionnaire, qui le dénonce plus tard. — Je demande à être interné définitivement. — Indépendance du maréchal Pélissier. — Il refuse de se prêter aux persécutions. — Capo de Feuillide. — Son amitié intime avec le prisonnier de Ham. — Sa transportation. — Lettre à l'Empereur. 221

FIN DE LA TABLE.

Sceaux. — Imprimerie de E. Dépée.

LE MUSÉE LITTÉRAIRE ILLUSTRÉ

JOURNAL
DE LA FAMILLE
et collection
DES MEILLEURS ROMANS

Abonnements : 1 an, 11 fr.; 6 mois, 6 fr.;
Est permis un *premier* abonnement facultatif de 3 mois.

Envoi gratis et franco, de la *Couverture* de l'œuvre publiée, en même temps que le premier feuilleton.

Au moyen d'une combinaison aussi simple qu'ingénieuse, les lecteurs et abonnés du Musée Littéraire Illustré ont, chaque année, de 15 à 18 volumes séparés, très-élégants.

Contre 15 cent. envoi franco d'un numéro spécimen.

Vente au numéro (10 cent.) dans toutes les librairies spéciales.

PARIS.
ADMINISTRATEUR GÉRANT
DEGORCE-CADOT éditeur·
70bis Rue Bonaparte.

www.ingramcontent.com/pod-product-compliance
Lightning Source LLC
Chambersburg PA
CBHW070738170426
43200CB00007B/573